Vom Glück des Gebens

Dieses Buch widme ich meiner Mutter,
die ihr Leben lang selbstlos
anderen Menschen geholfen hat.

Die Idee für dieses Buch entstand im afrikanischen Busch, dem meine ganze Liebe gehört, wo Menschlichkeit noch alltäglich erfahren und gelebt wird.

Hier erlebte ich unter einfachen, primitiven Verhältnissen und fröhlichen Menschen mehr Hilfsbereitschaft als im „kultivierten" Europa.

Gert G. von Harling

Vom Glück des Gebens

„Grüß Gott, ich bin eine Grüne Dame!“

Erlebnisse eines Grünen Herrn

EDITION HENTRICH

Gesamtherstellung:
Druck- und Verlagsgesellschaft Rudolf Otto mbH, Berlin

1. Auflage 2005

ISBN 3-89468-276-0

Inhalt

Vorwort

„Tu Gutes, aber rede nicht darüber", war lange Zeit ein selbstverständlicher Leitsatz für Christen und Menschen, die sich im Sinne christlicher Nächstenliebe für andere einsetzen. Auch Grüne Damen und Herren taten sich häufig schwer, öffentlich über ihr Ehrenamt zu sprechen. Dabei haben sie aufgrund ihrer vielfältigen Begegnungen und zahlreicher Erlebnisse im Krankenhaus oder im Altenheim eine Menge interessanter und bewegender Dinge zu berichten. Darüber hinaus tragen sie mit ihrem vorbildlichen Einsatz dazu bei, dass in unserer hochtechnisierten Leistungsgesellschaft trotz knapper werdender finanzieller Mittel immer wieder auch ganz persönliche Hinwendung zu Patienten und Heimbewohnern ermöglicht wird. Und das kann gar nicht oft genug herausgestellt und gewürdigt werden.

Nun hat ein Grüner Herr unserer Arbeitsgemeinschaft Evangelische Krankenhaus-Hilfe e.V. – kurz EKH – die Initiative ergriffen und in dem vorliegenden Buch seine Gedanken und Erfahrungen niedergeschrieben. Viele Ehrenamtliche werden seine Berichte nachvollziehen, unterstreichen und sicherlich auch mit weiteren Begebenheiten ergänzen können.

Ich danke Herrn von Harling für sein persönliches Engagement und wünsche allen, die die Grünen Damen und Herren schon kennen, und denen, die sich über unsere freiwillig geleistete Tätigkeit informieren wollen, ein frohes, gelegentlich auch nachdenkliches Lesevergnügen.

Gabriele Trull,
Vorstandsvorsitzende der Arbeitsgemeinschaft Evangelischen Krankenhaus-Hilfe e.V.

„Grüß Gott, ich bin eine Grüne Dame!“

Man kann nicht jeden Tag etwas Großes tun, aber gewiss immer etwas Gutes.

Sprichwort

Grüne Damen haben nichts gemeinsam mit „Grünen Witwen“ und sind durchaus keine alleinstehenden oder gelangweilten, vornehmen, mit Schmuck beladenen, extravaganten Frauen der besseren Gesellschaft. Grüne Damen kommen aus allen Bereichen der Gesellschaft, üben oder übten die unterschiedlichsten Berufe aus, und alle verbindet der Wunsch, etwas Sinnvolles zu tun, anderen Menschen zu helfen.

Statt Bridge zu spielen, auf den Tennisplatz zu gehen, die Zeit mit „shopping“ zu verbringen oder sich ausschließlich ihrem eigenen familiären Umfeld zu widmen, helfen sie lieber kranken Menschen.

Und Grüne Damen müssen nicht immer nur weiblichen Geschlechts sein!

Wie viel Erstaunen aber auch Unverständnis, Misstrauen, Feindseligkeit und Ignoranz, vor allem aber immer wieder Freude, Fröhlichkeit und Gelächter habe ich als Mann mit meiner Begrüßung hervorgerufen, wenn ich in ein Krankenzimmer trat und sagte:

„Grüß Gott, ich bin eine Grüne Dame!" So stelle ich mich regelmäßig vor, nachdem ich das Krankenzimmer betreten habe, jeden der Anwesenden kurz gemustert habe und mich orientiere, zu wem ich heute gehe. Es hilft mir den Kontakt herzustellen, das Eis zu brechen und alle haben dabei die Gelegenheit, mich anzuschauen, auch wenn ihnen kaum Zeit bleibt, darüber nachzudenken, wem mein Besuch gilt, ob ich Unangenehmes oder freudige Nachrichten bringe.

Ich erkundigte mich bei Antritt meines Dienstes bei der Stationsschwester nach den einzelnen Patienten, die ich dann in ihren Räumen aufsuche und kann mich so vorher kurz auf unterschiedliche Situationen vorbereiten. Erwartet mich ein schwerkranker Mensch oder liegt er hier nur eines verhältnismäßig unproblematischen Leidens wegen, bekommt er regelmäßig Besuch oder ist er viel allein, hat er besondere Wünsche oder Eigenarten. Mit diesen Informationen ist es einfacher „den richtigen Ton" zu finden und sich im Gespräch dem Kranken zu nähern.

Mitunter treffe ich aber auch auf nörgelnde, unzufriedene, fordernde oder gar aggressive Patienten, beziehungsweise solche, die mir einfach unsympathisch sind, die sichtlich Schwierigkeiten mit sich selber haben und alles von sich weisen, was ein Eindringen in ihren selbst errichteten „Schutzwall" gegen ihre Misere verhindert.

„Ich bin den Menschen hier ja völlig ausgeliefert, muss alles tun, was sie sagen und kann mich nicht wehren", beklagte sich eine junge Patientin bei meinem Besuch. Die erfühlte „Sicherheitsdistanz" in einem engen Krankenzimmer zwischen dem Patienten und dem fremden Besucher ist wahrhaftig gering, zumal sich dieser ihm nähern, der Kranke aber nicht ausweichen kann.

Mit Patienten in einem solchen Stimmungstief tue ich mich manchmal schwer, versuche ihnen aber mit Freundlichkeit und sicherem Auftreten zu begegnen und ihnen klar zu machen, dass sie in der Obhut des Krankenhauspersonals die bestmögliche Pflege erhalten und dass es mein Anliegen ist, freiwillig und ehrenamtlich zu helfen.

Dabei vollbringe ich keine weltbewegenden Dinge. Ich erledige Boten- oder Behördengänge, stehe manchmal mit Rat, immer aber durch stilles, verständnisvolles Zuhören zur Verfügung. Doch für Kranke sind gerade diese kleinen, unscheinbaren Handreichungen, Gespräche und Dienste oft nützlich oder wertvoll und werden deshalb als Hilfeleistung gern angenommen.

Viele Patienten im Krankenhaus leiden nicht nur ob ihrer Krankheit, sie befinden sich oft in einer seelischen Krise, denn mit der meist unfreiwillig und mit Schmerzen verbundenen „Verbannung“ ins Krankenhaus bricht häufig der Kontakt zu den Menschen aus dem täglichen Umfeld ab. Sie haben aber das große Bedürfnis, sich jemandem gegenüber auszusprechen, sich im Gespräch mit ihrem Schicksal auseinanderzusetzen. Fehlt diese Möglichkeit und werden die Kranken mit ihren Nöten und Sorgen allein gelassen, beginnen sie zu grübeln und ihre Gedanken bewegen sich qualvoll im Kreis.

Wenn es schon gesunden Menschen manchmal schwerfällt oder gar nicht gelingt einzuschlafen, einem „Teufelskreis“ zu entfliehen, um wie viel schlimmer ergeht es dann erst denen, die durch Krankheit zudem noch geschwächt sind, den „eisernen“ Ring aufzubrechen und ihre Gedanken zu befreien. Sie benötigen dringende Hilfe von außen.

Hier bewahrheitet sich der Satz aus der biblischen Schöpfungsgeschichte:
„Es ist nicht gut, dass der Mensch alleine sei“ (Gen. 2,18).

Auf dem Weg

Auch aus Steinen,
die einem in den Weg gelegt werden,
kann man Schönes bauen.

Johann Wolfgang v. Goethe

Der Himmel ist grau, die Wolken ziehen tief und schwer, ihre herabhängenden Ränder scheinen die Windschutzscheibe meines Autos zu streifen.

Es ist zwar schon 8.30 Uhr, aber trotzdem habe ich das Licht auf meiner Fahrt zum Städtischen Klinikum eingeschaltet.

Gestern noch beherrschten leuchtende Herbstfarben die Wälder und Flure, heute zeigt sich ein trüber Oktobervormittag. Die Tage werden immer kürzer, Dunkel und Düsterkeit breiten sich immer mehr aus. Allerheiligen, Volkstrauertag, Buß- und Bettag und Totensonntag, jene Tage, die an Abschiednehmen erinnern und besonders bei älteren Menschen depressive Stimmungen hervorrufen, sind nicht mehr fern.

Ich weiß, bei dieser Witterung werde ich besonders gebraucht. Das Wetter schlägt aufs Gemüt „meiner" Klienten.

Auch in mir macht sich wieder einmal Schwermut breit. Ich bin bei dieser Wetterlage ebenso empfänglich für Entmutigungen und Pessimismus.

Es folgt, wie fast jedes Mal, bevor ich meinen freiwilligen Dienst antreten kann, die leidige Suche nach einem Parkplatz. Rund ums Hospital sind auch die „Geheimtipps“ besetzt, aber schließlich, nach beständiger Sucherei, finde ich eine Lücke, in der ich meinen Wagen abstellen kann.

„Warum kommt man denen, die ein Ehrenamt wahrnehmen, nicht entgegen und stellt ihnen als kleine Anerkennung, während sie ihren Job ausüben, einen Parkplatz zur Verfügung, statt mit Argusaugen darüber zu wachen, dass jeder Wagen, der in der Verbotszone steht, ein Strafmandat erhält?“, geht es mir durch den Sinn, als ich über das Gelände zum Krankenhaus und dann die vier Treppen hinauf zu „meiner“ Station haste.

Manche Bürokraten haben noch nicht eingesehen, dass auch von „oben her“ und ohne nennenswerten Kostenaufwand die Ausübung eines Ehrenamtes gefördert und erleichtert werden kann.

Schon einmal wollte ich meine Arbeit beinahe niederlegen, weil ich für meine vier Stunden Dienst mal wieder mit einem Strafmandat über 15 Euro belohnt worden war.

Ich habe aber weiter gemacht, denn anderen Menschen zu helfen, ist mir zu einem

Bedürfnis geworden, auch wenn mich die täglich neu erfahrenen schweren Schicksale oft selbst bekümmern und belasten. Mitunter grübele ich noch tagelang, verzweifele fast, denke nach und bete. Doch immer bleibt die Gewissheit, den Kranken und Leidenden mit meinen Besuchen, Gesprächen, unscheinbaren Handreichungen und Diensten in ihrer Not ein wenig geholfen zu haben und die Erfahrung, dass diese Hilfeleistung dankbar angenommen wurde.

Vom Segen des Schenkens

Nehmen füllt die Hände,
Geben füllt das Herz.
Österreichisches Sprichwort

Es gibt Grundbedürfnisse, nach denen sehnt sich jeder Mensch: soziale Anerkennung, Sicherheit, Geborgenheit, Liebe, Vertrauen, Selbstachtung, Unabhängigkeit und Verantwortung.

Das Beste, ja das Wertvollste in unserem schnelllebigen Zeitalter, was ich als Grüne Dame in diesem Dienst mit „leeren Händen" geben kann, ist meine Bereitschaft und meine Zeit zu geduldigem Zuhören mitzubringen. Sich Zeit zu nehmen, das knappe Gut „Zeit" zu verschenken, ist heute etwas ganz Besonderes, das man nicht gering einschätzen sollte.

Vor lauter Hektik oder beruflicher Überbeanspruchung nicht bei einem Kranken zu verweilen und Trost zu spenden, wenn er leidet, traurig ist oder gar weint, scheint mir fast unentschuldbar.

Bei einer alten Patientin, die so verschlossen war, dass auch das Pflegepersonal zu ihr keinen Zugang fand, entdeckte ich auf dem Nachttisch eine landwirtschaftliche Zeitschrift. Auf die Zeitung deutend, bekundete ich mein Interesse. Da ich selbst auf einem landwirtschaftlichen Betrieb groß geworden bin und mich schon immer für die Natur, für Tiere, Pflanzen und das Leben auf dem Lande interessierte, sprach ich sie hierauf an und es gelang: Auf einmal glänzten die Augen der alten Bäuerin, und nach einigen belanglosen Sätzen begann sie ganz begeistert von ihrem Bauernhof, der Ernte und den Tieren zu erzählen.

Sie nahm mich und meine Zeit mit ihren Schilderungen so sehr in Anspruch, dass ich bereits mehrfach zur Uhr schaute und sich mein schlechtes Gewissen gegenüber den Mitbewohnern des Zimmers regte, denen ich ja die gleiche Zuwendung zukommen lassen wollte, damit sich niemand benachteiligt fühlt. Aber es sprudelte aus der Frau nur so heraus, ich konnte ihren Redefluss nicht bremsen.

Sich jetzt einfach zu verabschieden, hätte sie sicherlich maßlos enttäuscht. Schließlich wurde ich aber erlöst. Nach über einer Stunde wurde ihr das Essen gebracht, und sie verabschiedete mich mit den Worten: „Es war nett von ihnen, junger Mann, dass sie sich die paar Minuten Zeit genommen haben, meine Kinder und Enkel hören mir nämlich nie zu!“

Zeit zu haben ist ein herausragender und wichtiger Bestandteil der Arbeit der Grünen Damen. Um wirklich helfen zu können, nehme ich mir wirklich Zeit und versuche mich als gesunder aktiver Mensch in die Situation „meiner Klienten" in ihrer Abhängigkeit von ihnen unbekannten Menschen in einer fremden Umgebung hineinzudenken.

Ihnen wird bewusst, zu Hause können sie den Ablauf des Tages selbst bestimmen und entscheiden, wann sie morgens aufstehen und abends wieder zu Bett gehen. Sie ziehen sich selbständig an, waschen sich allein, bestimmen, was und wann sie essen möchten, bereiten sich ihre Mahlzeiten selbst zu, kurzum, sie können ihr Leben verhältnismäßig unabhängig gestalten und stehen vor allem auf „eigenen Beinen".

Im Krankenhaus verlieren sie ihre Selbständigkeit und Entscheidungsfreiheit. Sie werden gebettet und gewaschen, das Essen wird ihnen vorgesetzt, und eventuell werden sie sogar gefüttert. Um die Toilette aufsuchen zu können, muss das Pflegepersonal gerufen werden.

Wo sie früher einmal aktiv waren, selber bestimmen und die Initiative übernehmen konnten, sind sie nun zur Passivität verurteilt und auf Handreichungen anderer angewiesen. Das bedeutet Hilflosigkeit und abhängig sein, was mitunter auch zu peinlichen Situationen führt. Der Patient ist jeglicher Verantwortung für die eigene Versorgung enthoben. Nicht immer erleichtert diese Bevormundung die Kranken. Sie empfinden den erzwungenen Krankenhausaufenthalt oft als schmerzhaft oder sehr unangenehm, und es tut ihnen weh, ganz besonders, wenn sie erfahren, dass sie auch nach der Genesung die einstige Leistungsfähigkeit nicht wieder erlangen werden.

Hier sind wir Ehrenamtlichen gefordert, und es bleibt auch für mich jedes Mal neu, spannend und aufregend, was mich beim nächsten Krankenbesuch erwartet.

Bereits beim Betreten des Zimmers, wenn ich die Tür wieder hinter mir geschlossen und zwei, drei Schritte in den Raum hinein getan habe, spüre ich meistens, ob mein Besuch erwünscht ist oder nicht, ob ich störe, ob Hilfeleistungen, wie einfache Besorgungen, benötigt werden, ob ich dem Patienten mit der Beantwortung einer Frage helfen oder ihm in seiner Not beistehen kann. Ich weiß nicht, woran es liegt, ich fühle es einfach, es hat nichts mit meinem Verhalten zu tun.

Wir Grünen Damen (und Herren) machen keinen Unterschied zwischen Nationalitäten, Konfessionen und Geschlechtern, zwischen jung oder alt, arm oder reich.

Eine junge Ausländerin schluchzte leise in ihre Bettdecke. Als ich zu ihr gehe und sie anspreche, auf deutsch, dann auf englisch und schließlich auf spanisch, schaut sie mich erst abweisend, dann ganz verzweifelt aus verweinten Augen an. Sie versteht nicht, was ich sage, doch sie ergreift meine Hände. Ich zucke hilflos mit meinen Schultern, drücke dann ihre Hände ganz fest und lange. Mehr kann ich für die Frau im Augenblick nicht tun und denke ans Aufbrechen. Doch da beginnt sie plötzlich, in einer mir völlig fremden Sprache sich all ihre Probleme von der Seele zu reden. Wir verstehen einander zwar nicht, aber ich fühle, wie sehr sie das Reden erleichtert. Ich kann mich gut in ihre augenblickliche Situation hineinversetzen und merke, dass wir uns trotz sprachlicher Barrieren verstehen und es mir gelingt zu mildern, was sie bedrückt.

Anschließend richtet sie sich im Bett auf. Als ich ihr Kopfkissen aufgeschüttelt habe und sie wieder alleine lassen will, entnehme ich ihren Blicken, dass ich ihr mit dieser kleinen aber verständnisvollen Geste und dem geduldigen Zuhören sehr geholfen und sie getröstet habe. Ich fühle mich ebenfalls gestärkt.

„Grüß Gott, ich bin eine Grüne Dame ...“ „Die habe ich mir aber ganz anders vorgestellt.“ „Sie haben ja gar keinen grünen Kittel an.“ „Das glaube ich Ihnen aber nicht“, sind mitunter die verwunderten Reaktionen.

Meistens merke ich dann sofort: Ich habe gewonnen! Die Patienten sind bereit, sich anzuvertrauen, sich mir gegenüber vertrauensvoll zu öffnen, von ihren Kümmernissen zu erzählen, Wünsche zu äußern, sei es, dass jemand gern eine Zeitung lesen möchte oder mich bittet, ihm eine Tafel Schokolade vom Kiosk zu besorgen, einen Brief zu schreiben oder in den Postkasten zu werfen, einen Telefonanruf zu tätigen, den Friseur herbei zu holen, Fußpflege zu organisieren oder einfach nur zu erzählen oder zuzuhören.

Auf jeden Fall habe ich, lächelt oder lacht jemand im Zimmer, meistens alle Anwesenden sofort auf meiner Seite. Dabei sind Frauen, wenn mehrere von ihnen in einem Krankenzimmer liegen, mir gegenüber meist aufgeschlossener als Männer, die sich oft unnahbar oder aber skeptisch und abweisend zeigen. Manche stellen sich dann schlafend, ob aus Angst vor einer schlechten Nachricht, ob aus Bequemlichkeit, um mir nicht Rede und Antwort stehen zu müssen oder aus Unsicherheit, vermag ich nicht sogleich zu beurteilen.

„Grüß Gott, ich bin eine Grüne Dame ...“ Mit meinem Spruch bekomme ich fast immer eine gute Einführung. Die Patienten wissen meistens, mit wem sie es zu tun haben oder sie drängt, falls ihnen der Dienst der Grünen Damen bisher noch unbekannt ist, die Neugierde zu fragen, was denn diese Organisation bedeutet und bewirken will.

Meist genügt bereits der fröhliche Gruß, ein freundliches Fragen nach dem Wohlbefinden oder nach Wünschen, schon herrscht im Krankenzimmer eine erwartungsvolle oder aufgelockerte Stimmung.

Gute Laune, Handreichungen oder hilfreiche Botengänge, verbunden mit kleinen Späßen, wirken Wunder, und die Gedanken des Pflegebedürftigen müssen nicht immer nur um seine mitunter großen, manchmal aber auch nur ganz kleinen Sorgen kreisen, sondern erfahren willkommene Ablenkung.

Ich bin immer wieder darüber erstaunt, dass bei den Patienten nicht die Krankheit und das Bemühen, mit der derzeitigen Lage fertig zu werden im Vordergrund stehen. Oft plagen sie (aus meiner Sicht) Nebensächlichkeiten, Probleme, die ihr gesamtes Denken beanspruchen, die sie versuchen zu lösen, Kleinigkeiten, über die sie grübeln und die sie nicht verdrängen können.

„Hat mein Fußballverein am Wochenende gewonnen?“, ist dann nicht nur ein Informationsbedürfnis, sondern scheint substantielle Bedeutung zu erlangen. „Habe ich die elektrische Eisenbahn im Keller ausgeschaltet?“, „Haben die Nachbarn Schnee geschippt?“ Solche Sorgen steigern sich ins Unermessliche, und sie scheinen sich so gewaltig aufzutürmen, als hinge ein Leben davon ab.

Es erstaunt mich immer wieder, wie wichtig diese Dinge „meinen Klienten“ sind, obwohl diese Sorgen mich – befände ich mich in gleicher Lage – wohl kaum berühren würden. Ich würde mich auf meine Genesung konzentrieren. Wäre ich wirklich dazu imstande und könnte ich mich in der Enge des Krankenzimmers allein, ohne Angehörige oder Freunde, so besonnen verhalten?

Durch meine Arbeit als Grüne Dame habe ich erfahren, dass jeder Mensch, wenn er in Not gerät, seine eigenen individuellen Probleme hat und ihnen mehr oder weniger hilflos gegenübersteht. So kann für ein kleines Kind, wenn sein Teddybär ein Glasauge verloren hat, eine ganze Welt zusammenbrechen. Ebenso erscheint einem wohlhabenden Mann, wenn er arbeitslos wird, das Leben unter Umständen nicht mehr lebenswert zu sein. Stehe ich vor ihrem Krankenbett, muss ich für beide Mitleid empfinden, Verständnis zeigen und Trost spenden können. Dabei sind Spontanität und Unbefangenheit, Optimismus und Gottvertrauen, verbunden mit dem Wunsch, der Bereitschaft, dem Nächsten zu helfen, das Beste, was ich für meine Arbeit mitbringen kann.

Wenn ich eine fröhliche, entspannte Stimmung mitbringe und diese unter Patienten und Pflegepersonal verbreite, färbt das ohne weiteres Zutun auch auf die nähere Umgebung ab.

Es ist allerdings nicht immer ganz leicht für mich, das von mir selber gewählte Ehrenamt gewissenhaft und mit Freude auszuüben, aber es bereichert mein Leben um ein Vielfaches und steht in keinem Verhältnis zu den Mühen, die mir der intensive Umgang mit kranken Menschen und die Beziehung zu ihnen abverlangen.

Diese Bereicherung in meinem Leben, als Grüne Dame zu wirken, sehe ich im Zurücknehmen meiner Person, in der Relativierung meiner eigenen Probleme, und ich empfinde es als Ehre, dass mir Menschen, denen ich meine Hilfe anbiete, in schweren Stunden ihr Vertrauen schenken.

Die große Dankbarkeit der Patienten, und das Wissen, gebraucht zu werden und ihnen helfen zu können, sind immer wieder Lohn und Ansporn für meinen Einsatz.

Warum ich Grüne Dame geworden bin

Das einzig Wichtige im Leben
sind die Spuren von Liebe,
die wir hinterlassen,
wenn wir ungefragt weggehen
und Abschied nehmen müssen.

Albert Schweitzer

Als Christ und als Mitglied des Johanniterordens fühle ich mich verpflichtet, Menschen in Not und Elend beizustehen.

Ein christliches Elternhaus, christliche Erziehung und die Verwurzelung im Glauben sind oft zwar die Grundlagen für die Übernahme eines Ehrenamtes, meistens bedarf es jedoch eines besonderen Erlebnisses, einer Erfahrung oder eines Anstoßes, um solchen Dienst zu übernehmen.

Ich wurde nach der schweren Erkrankung meiner Frau hierzu ermutigt. Bei den täglichen Besuchen an ihrem Krankenbett und später während ihrer Rehabilitation wurde mir bewusst, wie einsam und oft hilflos sich Kranke fühlen und dass sie in ihrem Elend nicht allein gelassen werden dürfen.

Damals habe ich verstanden, warum Jesus in seiner bekannten Rede vom Weltengericht (Matthäus 25.31ff) das „Kranke besuchen“

erwähnt und es in der christlichen Tradition eines der herausgehobenen guten Werke geworden ist.

Man muss an einer Stelle beginnen, wenn man etwas ändern will. Die Lage nur diagnostizieren und über die Verhältnisse lamentieren ändern nichts, frei nach dem Ausspruch: „Es gibt nichts Gutes – außer man tut es."

Aufgabe des Staates und der Gesellschaft wäre es, die Krankenhäuser mit zusätzlichem Personal auszustatten, das den Bereich der psychologischen und sozialen Betreuung übernimmt, ansonsten können bestimmte Aufgaben nicht mehr erfüllt werden.

Heute sind Ärzte, Schwestern und Pfleger trotz großer Motivation, Bereitschaft und dem Willen zu ganz persönlichen Hilfeleistungen mitunter mit anderen Arbeiten, wie der immer mehr zunehmenden Bürokratie, hoffnungslos überfordert und können sich allein schon aus Zeitnot nicht so um die Patienten kümmern, wie sie es gerne täten.

Die Kosten unseres Gesundheitswesens steigen ins Uferlose und sind trotz höherer Steuern und Abgaben kaum noch bezahlbar und zu bewältigen. So wird auch dieser soziale Bereich von einschneidenden Sparmaßnahmen nicht verschont.

Ein „soziales Jahr" oder ein Ehrenamt für jedermann in unserer Gesellschaft könnte eine große Hilfe bedeuten und Entlastung bringen.

In einer Zeit, in der soziale Kälte beklagt wird, bliebe dann mehr Zeit für persönliche Wärme und Zuwendung, größerer Spielraum, dem kranken Menschen zwischen Hoffen und Verzagen neuen Glauben zu schenken, Zuversicht zu vermitteln, mehr Trost zu spenden oder Mut zu machen und ihm Wärme und Zuwendung zukommen zu lassen.

Ich habe in Entwicklungsländern sehr viel Elend gesehen und glaubte, bei uns wäre die Welt noch in Ordnung. Erst als ich quasi am eigenen Leib erfahren musste, dass auch in Deutschland die Menschlichkeit oft auf der Strecke bleibt, entschloss ich mich, eine Grüne Dame, resp. Grüner Herr zu werden. Diese Entscheidung habe ich bis heute nicht bereut.

Der Grund für meinen Entschluss war anfangs lediglich, anderen Menschen zu helfen. Ich merkte aber schon bald, wie gut mir die Arbeit im Krankenhaus tut, wie klein die eigenen Probleme werden, wenn man mit dem unsäglichen Leid anderer Menschen konfrontiert wird und wenn man spürt, gebraucht zu werden.

Nur selten bin ich traurig und fahre niedergedrückt nach Hause, wenn ich nicht helfen konnte und kranke oder einsame

Menschen zurücklassen musste. Fast immer verlasse ich das Klinikum zufrieden, oft mit einem gewissen Glücksgefühl und sage zu Freunden und Bekannten: „Ich arbeite zwar nicht für Geld, aber auch nicht umsonst“, frei nach dem Ausspruch von Albert Schweitzer: „Wahrhaft glücklich werden die sein, die den Weg zum Dienst am anderen gesucht und gefunden haben.“

Erkennungszeichen: Der grüne Kittel

Schön ist eigentlich alles,
was man mit Liebe betrachtet.

Christian Morgenstern

Der Volksmund sagt: „Grün ist die Hoffnung.“ Doch das ist wahrscheinlich nicht der Grund, diese Farbe für den Kittel, das Erkennungszeichen der Grünen Damen, damit sie Dritten gegenüber leicht erkennbar sind, zu wählen, aber gewiss ist ihr „Markenzeichen“ von der grünen Kleidung abgeleitet worden.

In vielen Häusern, in denen Grüne Damen und Herren Dienst tun, ist auf diesen Kitteln ein Streifen mit der Aufschrift „Ökumenische Krankenhaushilfe“ genäht. In „unserem“ Haus tragen die Grünen Damen zusätzlich noch das Emblem der Johanniter-Hilfsgemeinschaft mit dem achtspitzigen Kreuz des Johanniterordens auf ihrem Kittel.

Es gibt allerdings auch blaue, gelbe, lila und rosa Kittel, und in manchen Altenpflegeheimen tragen die freiwilligen Helfer überhaupt keine Kittel.

Eine einheitliche Kleidung sollte das Zusammengehörigkeitsgefühl der über 10.000 Grünen Damen in allen Teilen Deutschlands dokumentieren, die alle das gleiche Ziel verfolgen. Da bei der Katholischen Krankenhaus-Hilfe die gleiche Kleidung getragen wird, zeigen wir so auch ein Stück Gemeinsamkeit und geben ein Zeichen für die Ökumene. Ob man im weißen oder grünen, im blauen oder ohne Kittel Dienst tut, ob männlich oder weiblich, spielt dabei keine Rolle, wenn man nur ehrlichen Herzens helfen will.

Wie sehr sich unser „Dienst-Outfit" bei den Patienten eingeprägt hat, zeigen zwei Begegnungen:

„Ich glaube ihnen nicht, wenn Sie sagen, Sie sind ein Grüner Herr, Sie haben doch gar keinen grünen Kittel an." Mit diesen Worten wollte mich auf dem Flur des Klinikums eine ältere Dame, die ich schon mehrmals besucht hatte, in ein Gespräch verwickeln.

Just in diesem Moment eilte freundlich grüßend ein technischer Angestellter des Krankenhauses, bekleidet mit einem dunkelgrünen Monteuranzug vorüber. Wir kennen uns seit vielen Jahren.

Belustigt rief mir der Mann zu: „Ich bin heute schon wieder mit einem Grünen Herrn verwechselt und von einer gebrechlichen Patientin gebeten worden, ein Gespräch mit der Krankenhausseelsorgerin zu vermitteln, vorher muss ich aber im Keller nach der Heizung schauen!"

Die ältere Dame schmunzelte, und die Frage über „Dienstkleidung“ wurde von ihr seitdem nie wieder angesprochen.

Techniker haben, auch wenn sie grüne Overalls tragen, nun einmal andere Aufgaben als wir, aber selbst wenn ich gebeten werde, die Heizung zu reparieren, gehe ich doch lieber ohne einen grünen Kittel durch die Krankenzimmer.

Die Bundestagswahl stand kurz bevor, der Wahlkampf musste in der heißen Phase auch bis in die Krankenzimmer vorgedrungen sein. Meine Kollegin Frau v. O. betrat ein Krankenzimmer und stellte sich selbstverständlich im grünen Kittel vor. Darauf schnaufte ein Patient sie wütend an: „Lassen Sie mich in Ruhe, von den Grünen will ich nichts wissen, ich wähle CDU!“

Grün ist eben doch nicht immer gleich Grün!

Ich bin ein Junge für alles

Der Weise lernt von den Erfahrungen anderer, der Tor muss alle Erfahrungen selber machen.

Salomon

„Was machst Du eigentlich als Grüne Dame?“, werde ich oft gefragt.

„Ich bin Mädchen für alles, für all das, wozu die Schwestern und Pfleger aus Zeitnot in ihrem harten Dienst nicht kommen“, ist dann meine Antwort.

Wechselgeld, Stift, Notizblock, ohne diese drei Dinge betrete ich kein Krankenzimmer, außerdem braucht man Geduld, Zeit, Optimismus und (mitunter gespielte, aufmunternde) Fröhlichkeit, um die manchmal sehr bedrückende Atmosphäre aufzulockern. Das sind die ständigen Begleiter meines Dienstes. Vielleicht auch mal ein Stoßgebet: „Lieber Gott, gib mir ein offenes Ohr und das richtige Wort!“

Der Block dient dabei nur zum Notieren von Besorgungen, damit ich beim Einkaufen nichts verwechsele, sonst schreibe ich nichts auf, um niemanden zu verunsichern oder misstrauisch zu machen.

Kaum etwas ist für Patienten schädlicher, als die ständige Beschäftigung und Sorge mit der Krankheit. Entspannung und Ablenkung sind dringend notwendig für die Genesung.

Eine meiner wichtigsten Aufgaben sehe ich deshalb darin, mir am Krankenbett eines Schwerkranken genügend Zeit für ihn zu nehmen und dem Patienten dies auch mitzuteilen. Vorlesen verkürzt die einsame Verweilzeit, in der er sonst allein ängstlich grübelnd im Bett liegen müsste kaum.

Das Gespräch, geduldiges und aktives Zuhören aber befreit den Leidenden von quälenden Fragen und Gedanken, die sich sonst leicht festsetzen und ihn belasten. Es hilft ihm während unserer Unterhaltung wenigstens für kurze Zeit, seine missliche Lage zu vergessen und neue Hoffnungen zu schöpfen.

Viele Kranke sind froh, wenn sie über ihre Leiden und ihre Angst sprechen können, trauen sich aber oft nicht, weil sie befürchten, ihren Gesprächspartner damit zu langweilen, zu erschrecken oder zu überfordern.

Es gehören dann Einfühlungsvermögen und manchmal viel Geduld dazu, bis sie sich erleichtern, Zutrauen fassen und ihr Herz ausschütten. Hier sind wir „Grünen Damen“ gefordert.

Da ein Patient, von seinem Leiden geschwächt, oft das Bett nicht mehr verlassen kann oder darf, ist es ihm versagt, sogar die einfachsten Dinge selbst zu erledigen.

Ich helfe, wenn er Freunde sprechen möchte, die er bisher vergeblich zu erreichen versuchte, fülle den Lottoschein aus, übernehme Lotsendienste für neu eingelieferte Patienten oder irritierte Menschen, die ihre Angehörigen im großen Klinikum nicht finden können, führe Telefongespräche und erledige auf Wunsch auch dringende Korrespondenz.

Oft benötigt der Patient noch persönliche Sachen, die in seiner Wohnung verblieben sind, oder er möchte gern ein Buch aus der Krankenhausbibliothek lesen. Für eine Grüne Dame oder einen Grünen Herrn ist das kein Problem.

Auch Wäsche besorgen oder zur Wäscherei bringen steht auf meinem Programm. Gemeinsames Spazierengehen auf dem Flur oder die Begleitung zum Friseur werden oft als angenehm und hilfreich empfunden.

Manche Patienten können nicht mehr ohne Hilfe essen. Für die entsprechende Unterstützung ist ein sensibles Einfühlungsvermögen Voraussetzung.

Oft besteht meine Arbeit auch in dem Knüpfen von Kontakten zu beratenden Diensten im und außerhalb des Krankenhauses und, und, und ...

Besonders Frauen sind dankbar, wenn ich mich um ihre Blumen im Krankenzimmer kümmere und prüfe, ob sie noch genügend

Wasser haben oder neu arrangiert werden sollten. Und die Schwestern sind ebenfalls froh, wenn man ihnen diese Arbeit abnimmt.

So sind die Möglichkeiten für Zuwendungen und Dienste fast grenzenlos.

Das Umherfahren eines Kranken mit dem Rollstuhl ist für mich eine besonders dankbare Aufgabe, weil ich das Glücksgefühl nachempfinden kann, wenn man nach Stunden oder Tagen der Isolierung im Krankenzimmer endlich seine Umwelt, die Stimmen und Gerüche der Natur aus dem Park oder Garten des Krankenhauses wieder spüren und erleben darf.

Zum Dienst gehört auch, Patienten zu fachlichen Untersuchungen oder Behandlungen auf eine andere Station oder zum OP-Bereich zu begleiten. Da genügt es oft nicht, nur den Patienten in seinem Bett zum Ziel zu rollen, sondern man muss ihm auch geduldig beistehen, Kopf oder Hände streicheln, einfühlsam beruhigen, Ängste abbauen und Zuversicht verbreiten.

Natürlich muss jeder Kranke mit seinem Zustand letztendlich selber fertig werden, sein Los bewältigen und Lebenswillen aufbringen, aber jeder Mensch erlebt und empfindet sein Leiden auf seine eigene persönliche Weise. Jeder wird seinen eigenen Weg suchen, um eine missliche Lage zu meistern, die ihn häufig erheblich belastet. Da gestaltet sich das Helfenwollen mitunter schwierig.

Es wäre sicher verkehrt, beispielsweise bei einer bevorstehenden Blinddarmoperation, einer Routinesache, den Patienten zu beruhigen mit: „Keine Angst! Solch ein Eingriff wird täglich x-mal vorgenommen.“ Oder: „Viele teilen ihr Schicksal, also Kopf hoch!“ Der Patient fühlt sich mit diesen sehr allgemeinen Argumenten nicht getröstet, sondern unverstanden und abgespeist, denn sowohl Patient als auch Krankheit tragen jedes für sich ihr eigenes unverwechselbares Geschick.

Bei unfreiwilligem Krankenhausaufenthalt reagieren Patienten unterschiedlich, manchmal mit Ablehnung oder übertriebenen Ansprüchen. Ihre Überempfindlichkeit kann sich bis zu aggressivem Verhalten gegenüber Schwestern, Ärzten, ja sogar Bettnachbarn steigern und den Dienst auf der Station erschweren.

Die Sirenen heulen, der Krankenwagen bringt eine verunglückte Frau, die sofort operiert wird. Als sie am nächsten Tag aus der Narkose erwacht, steht eine Grüne Dame an ihrem Bett. „Ich muss sofort in meine Wohnung zurück, Kikki ist allein und niemand kümmert sich um ihn“, erfährt sie von der besorgten Patientin. Die Grüne Dame verspricht, sich sogleich um „Kikki“ zu kümmern und hört dann aber, dass es sich nicht um den Ehemann, sondern um den Hund der Patientin handelt.

Gemeinsam mit einer „Kollegin“ fährt die Grüne Dame zur Wohnung. Als sie die Tür öffnen, bekommen die beiden einen furchtbaren Schreck. Nicht ein possierlicher Dackel, sondern ein riesiger Bernhardiner erwartet sie. Der ist aber sehr zutraulich und begrüßt sie schwanzwedelnd.

Der Anfang ist getan. Schließlich wird der Hund im Einvernehmen mit seinem Frauchen vorübergehend in einem Tierheim untergebracht. Auch das ist eine Aufgabe für die Grünen Damen.

Zeit mitbringen oder vom Segen des Schenkens

Es mangelt nie an Gelegenheit,
etwas Gutes zu verrichten.

Friedrich v. Logau

Warten, vor allem langes untätiges Warten, bedeutet Ungewissheit und kann sehr zermürbend sein. Dazu kommt die Furcht vor Einschränkungen im künftigen Lebensrhythmus und etwas nicht mehr tun oder erleben zu können

Warten ist aber auch immer mit Hoffen verbunden, und Hoffen ist etwas Positives, gibt Kraft, denn man erhofft sich ja schließlich nur gute Nachrichten.

„Was wäre das Leben ohne Hoffnung?", fragte bereits der Dichter Friedrich Hölderlin. Und meine Großmutter gab mir den Rat: „Rechne mit dem Schlimmsten und hoffe auf das Beste."

Krankenhausinsassen leben ständig mit den Phänomenen Fürchten, Warten und Hoffen. Die Ungewissheit beginnt bereits bei der Anmeldung, setzt sich fort, wenn der Patient dann in der anfänglichen Anonymität seines Krankenzimmers auf das Essen, die Visite, einen Untersuchungsbefund oder auf

Besuch wartet und dauert an bis zur Genesung oder Entlassung aus der Klinik.

Diese Wartezeiten, in denen der Kranke hilflos und allein mit seinen Gedanken und Gefühlen ist, sorgen für Frustration, Ungeduld, Anspannung und Nervosität bis hin zu Verärgerung und Aggressivität.

Zwar neigen Außenstehende zu der Meinung: „Der Kranke hat ja Zeit“, vergessen dabei aber, dass er im Krankenhaus ohne nennenswerte Abwechslung in jeder Beziehung auf seine freie Zeiteinteilung verzichten muss.

Termine für Schlafen und Wachen, Essen und Waschen, ja sogar für Besuche und Kontakte sind geregelt und werden ihm vorgeschrieben.

Gerade in solchen Situationen dehnen sich Minuten oft endlos aus, Stunden werden zu Ewigkeiten, verstehendes und verständiges Ansprechen ist gefordert.

Häufig versteht der Patient die ihm auferlegte Wartezeit nicht, kann den Krankenhausablauf nicht nachvollziehen und empfindet das für ihn ungewohnte Wartenmüssen als sinnlos, überflüssig oder gar als Schikane. Er fühlt sich unverstanden, vergessen, verlassen, abgestellt und wird misstrauisch.

Manche Patienten reagieren sehr sensibel und sind nicht in der Lage, mit den zeitlichen

Abläufen in einem Krankenhaus fertig zu werden. Die hauptamtlichen Mitarbeiter können hier nicht immer helfen, und für die ehrenamtlichen Helfer wird das Helfenwollen dann zu einer Herausforderung.

Insbesondere wenn der Kranke sich nicht vom Fleck bewegen, nicht auf und ab gehen, sich nicht die Beine vertreten oder kurz an die frische Luft gehen kann, um seine Nervosität zu unterdrücken und seine Ängste abzubauen, braucht er in der qualvollen Wartezeit, der er in der Institution Krankenhaus immer wieder ausgesetzt ist, eine Bezugsperson, die ihn ermutigend oder aufmunternd begleitet, sich um ihn kümmert und die mit ihm gemeinsam diese belastende Zeit durchsteht, überbrückt oder verkürzt.

Die „Hauptamtlichen“ sind hier wegen anderer Arbeiten und Zeitdruck in der Hetze der ständig wechselnden Patienten sowie den gleichzeitigen Anforderungen einer immer umfangreicher werdenden verwaltungstechnischen Abwicklung mitunter völlig überfordert.

Die Grünen Damen mit ihrem „Kapital Zeit“ können einen fast unbezahlbaren Beitrag leisten, indem sie Ängste zerstreuen und Hoffnungen stärken, und zwar sofort, nicht später, nicht morgen oder nächste Woche – das „Jetzt“ ist ihr Geschenk.

Es ist immens wichtig, dem Wartenden und Leidenden spontan Zeit, Geduld, Mitgefühl und vor allem Verständnis entgegenzubringen, damit er sich verstanden fühlt und selbst versucht, seine gegenwärtige schwierige Situation zu verstehen, zu meistern und sich darin zurechtzufinden.

Das Pflegepersonal leidet mitunter darunter, nicht genügend Zeit für ein Gespräch mit dem Patienten aufbringen zu können und wird dann mit dessen Unzufriedenheit konfrontiert, was die ohnehin schon schwierige Arbeit keineswegs erleichtert.

Da war die Patientin, die in sich gesunken, Tage lang gedankenverloren ins Leere starrte, ohne mit jemandem zu reden. Ein Pfleger bat mich schließlich, sie aufzusuchen, weil offenbar niemand auf der Station der verzweifelten Frau helfen konnte.

Ich traf eine zierliche ältere Frau, machte mich vorsichtig bemerkbar, hatte aber das Gefühl, dass meine Anwesenheit nicht registriert wurde. Nach zehn Minuten des Schweigens ergriff ich behutsam ihre Hand und da schaute mich die alte Dame endlich an. Verlassenheit, Trauer und Ungewissheit sprachen aus ihren Augen.

Schließlich offenbarte sie mir ihren Kummer. Es war nicht die Krankheit, die sie belastete, sondern sie wünschte sich sehnlichst, ihre Enkelin, die seit mehr als drei Jahren in Australien lebt, noch einmal zu sehen. Ich nahm mir sehr viel Zeit beim Zuhören und offenbar spürte sie, dass ich sie trösten wollte, mit ihr bangte und hoffte.

Mit der Beharrlichkeit des Alters kam sie immer wieder auf ihr Anliegen zurück. Sie lebte in der Hoffnung, dass es der Enkelin gut gehen möge und dass diese ihre Oma ebenso sehnlich wiedersehen möchte.

In meinen Gesprächen mit ihr vermittelte ich ihr, dass sie die Hoffnung nicht aufgeben dürfe, dass es letztendlich noch zu einem Wiedersehen kommen würde. Es bräuchte aber eine große Portion Geduld, denn der Weg von Australien bis hierher sei ja sehr weit.

Welches Glück! Ich durfte die Freudentränen noch miterleben: Kurz bevor sie nach wochenlangem Krankenlager, Warten und Hoffen endlich wieder nach Hause durfte, bekam die Patienten den ersehnten Besuch vom fünften Kontinent.

Ich war mit diesem Ausgang zufrieden, denn mehr als mit meinen Worten ihre Hoffnung aufrecht zu erhalten, vermochte ich bei meinen Besuchen nicht zu bewirken.

Die Herzen öffnen

Aus der Fülle des Herzens leben,
ist das ganze Geheimnis des Lebens.

Ricarda Huch

Es war mir, bevor ich Grüne Dame wurde, nicht bewusst, wie unsicher, skeptisch, negativ, verklemmt oder misstrauisch viele Menschen sein können und wie schwer es ihnen fällt, Vertrauen zu fassen und zu verstehen, dass ihnen andere, fremde Leute, ohne Gegenleistungen zu erwarten, einfach nur helfen möchten.

Das Misstrauen nistet in vielen Herzen und zerfrisst das Leben von innen.

Verschlossen, manchmal auch ängstlich wenden sie sich ab oder stellen sich schlafend, wenn ich meine Hilfe anbiete. Hiervon lasse ich mich aber nicht beirren, im Gegenteil, ich versuche auf jeden Fall mit ihnen ins Gespräch zu kommen.

Nach meinen Erfahrungen benötigen gerade diese Menschen besondere Unterstützung, weil sie mitunter sehr allein sind, wenig Selbstwertgefühl aufbringen können oder unter Minderwertigkeitskomplexen leiden.

Ein alter verbitterter Mann schluchzte mit Tränen in den Augen: „Sie können ja doch nichts für mich tun!“ Geduldig harrte ich aber trotzdem über zehn Minuten bei ihm aus und wartete, bis er sich endlich beruhigt hatte. Als ich ihm versicherte, ihm helfen zu wollen, begann er zögernd zu erzählen, was ihn bedrückte.

„Ich erlitt einen Schlaganfall“, begann er stockend, „und meine Angehörigen versuchen mir einzureden, ich würde mich nun nicht mehr alleine in meiner Wohnung zurechtfinden und müsste gepflegt werden. Deshalb wäre es angeblich das Beste für mich, in ein Pflegeheim zu gehen, die Kosten dafür würde man schon aufbringen.“

„Ich will aber nicht!“, drang es wie ein hoffnungsloser Aufschrei aus ihm heraus.

Er wiegte den Kopf hin und her, und diese hilflose Geste zeigte das ganze Maß seiner Verzweiflung.

„Ich habe Angst! Man hört doch auch so viel Negatives über Heime“, fuhr er fort, „ich will mich nicht in fremde Hände begeben und in die Einsamkeit abgeschoben werden. Was soll ich nur tun?“

Flehend sah er mich an.

Ich lächelte zuversichtlich, berichtete ihm aus meiner Erfahrung mit Seniorenheimen und vermied dabei bewusst das Wort „Altenheim“ – es gäbe ganz gewiss nette Leute, die das gleiche Los mit ihm teilten. Die Alltagssorgen nähme man ihm ab, er würde rund um die Uhr liebevoll betreut, ärztliche Hilfe wäre ständig zur Stelle. Die Heimleitung organisiere gemeinsame Aktionen mit anderen Heimbewohnern, wie Theaterbesuche, Vorträge, Bastel- und Singnachmittage, an Gymnastikstunden könne er sich beteiligen und vieles andere mehr. Er würde sich ganz bestimmt nicht allein gelassen fühlen, es sei denn, er kapsele sich absichtlich ab. Er könnte neue Bekanntschaften knüpfen, die zu Gemeinsamkeiten führten und ein gewisses Maß an Selbständigkeit bliebe ihm erhalten, versuchte ich zu trösten.

Zwar beruhigte sich der Mann im Laufe des Gesprächs, aber so ganz glaubte er mir noch nicht.

Wie erfreut aber war ich, als er bei meinem nächste Besuch seine Zukunft bereits viel positiver sah und mich schließlich bei meinem letzten Besuch vor seiner Entlassung schon ungeduldig erwartete.

Beim Abschied umarmte er mich dankbar mit den Worten: „Sie haben mir meine Angst genommen, Dank Ihrer Hilfe habe ich mir fest vorgenommen, mich in dem Heim wohl zu fühlen!"

Auch hier hatten sich meine Besuche gelohnt, und wie beruhigend war es für mich, bei ihm ein klein wenig zu einer etwas positiveren Sicht der im Augenblick so dunklen Zukunft beigetragen zu haben.

Die mitunter extreme seelische Belastung der Patienten wird häufig in einem Umfeld, wie in einem Mehrbettzimmer, noch verstärkt. Ein Gespräch unter vier Augen ist dann meistens nicht möglich. Trotzdem muss ich versuchen, die Herzen zu öffnen.

Dass ich dann mit jedem Einzelnen in diesem Raum sprechen möchte, geht hoffentlich daraus hervor, dass ich mich sehr deutlich immer nur einem Patienten zuwende und mich möglichst neben ihn stelle oder setze.

Klopfe ich zaghaft an die Tür, öffne sie vorsichtig und trete schüchtern ein, überträgt sich meine Unsicherheit auf die Patienten. Sie fühlen sich kaum angesprochen, stellen keinen Blickkontakt her, trennen sich nicht von ihrer Zeitung und vermuten, mein Besuch gelte ihrem Bettnachbarn.

Ich darf mich auch nicht wundern, wenn es zu keinem persönlichen Gespräch kommt, wenn ich am Fußende des Bettes stehen bleibe. Erst wenn ich mich neben meinen Gesprächspartner stelle oder setze, fühlt er sich persönlich angesprochen.

Es ist so wichtig, stets optimistisch und lebensbejahend aufzutreten. Verständlicherweise dreht sich die Unterhaltung anfangs meistens um Krankheiten, da sich ja der Patient um seine Genesung sorgt und seiner Entlassung entgegenfiebert.

Ich lenke das Gespräch dann sofort in eine andere Richtung und spreche von profanen Dingen, wie Essen und vom Wetter, frage nach seinen Interessen, Hobbies, Kindern, Familie oder ähnlichem. Irgendein Thema bietet sich immer an, wenn man aufgeschlossen durch die Krankenzimmer geht.

Eine andere Patientin machte sich große Sorgen um ihre Blumen zu Hause: „Sie müssen unbedingt gegossen werden, seitdem ich sie von meiner Nachbarin übernahm, kümmern sie und lassen die Köpfe hängen, obwohl ich sie jeden Tag mehrmals gegossen habe. Wahrscheinlich sind nun alle meine Bemühungen umsonst gewesen."

Eine Grüne Dame erbarmte sich schließlich, fuhr mit einer Kollegin in die Wohnung der Frau und die beiden fanden dort ein Blütenmeer vor, wie sie es noch nie gesehen hatten. Die Frau hatte es viel zu gut gemeint, die Pflanzen waren vorher offensichtlich hoffnungslos ertränkt worden.

Die Usambara-Veilchen hatten dicke Blütenbüschel getrieben, eine Azalee trug so viele Blüten, dass man die Blätter kaum noch sehen konnte, und selbst die Kakteen zeigten sich in bunten Farben.

„Grüne Damen wissen nicht nur, was kranke Menschen benötigen, sondern auch, wie man Blumen pflegt“, strahlte die Patientin glücklich, als sie davon erfuhr und fügte hinzu, dass man im Leben doch immer wieder dazulerne, denn wenn sie wieder zu Hause sei, würde sie ihren Blumen die richtige Pflege angedeihen lassen und sich an ihnen noch mehr erfreuen als bisher.

Eisbrecher für Herzen

Hoffnungslosigkeit ist Sünde.
Indisches Sprichwort

Wir Grünen Damen und Herren gehen aber nicht nur mit offenem Herzen, sondern auch mit offenen Augen und Ohren durch die Krankenzimmer.

Viele Patienten haben Bilder ihrer Angehörigen auf dem Nachttisch stehen, sind dankbar, wenn ich mich nach denen erkundige und berichten dann gern und entspannt von Kindern, Enkeln oder Freunden.

Stehen viele Blumen auf dem Tisch oder auf der Fensterbank, frage ich, wer sie geschenkt hat, befinden sich keine Pflanzen im Raum, ist das oft ein Zeichen dafür, dass der Kranke keinen Besuch bekommt. Auch hierauf gehe ich ein.

Eine Anknüpfungsmöglichkeit bieten auch Bücher oder Zeitschriften, die neben dem Bett des Patienten liegen.

Entdecke ich eine Jagd- oder Reiterzeitschrift, ist das Eis schnell gebrochen, weil ich selbst Jäger und Reiter bin, und so das Thema auf eine gemeinsame Passion leiten kann.

Aber auch, wenn ich ein Buch über ein anderes Thema, sei es Geschichte, Mode,

Kunst, Politik oder was auch immer auf dem Nachttisch sehe, kann ich daraus auf das Interesse des Kranken schließen.

Mundart oder Dialekt der Kranken bieten ebenfalls eine gute Anknüpfungsmöglichkeit, wenn man hieraus die Heimat des Kranken erkennen und ihn daraufhin ansprechen kann. Vertriebene aus dem Banat können ihre Herkunft ebenso wenig verleugnen, wie alte Ostpreußen. Das rollende „R“ der Baltendeutschen ist genauso unverkennbar wie der sächsische Dialekt oder das breite Niedersächsisch.

„Grüß Gott, ich bin ...“, weiter kam ich nicht, denn erbost schallte es mir entgegen: „Ick bruuk keen Paster nich!“ Demonstrativ und knurrend rollte sich der Kranke mit Gesicht und Körper auf die andere Seite und zog abwehrend sein Kissen über den Kopf.

Wie gut und einfach, dass ich plattdeutsch verstehe und auch spreche und dem Mann antworten konnte: „Dat is keen Kerk her, du schast nur heil weern, un wenn ick di helpn kann, dann schast du mi dat man ruhig vertellen, ick bin keen Paster nich, ick bin een Grüne Dame!“

Das Erstaunen des Mannes, der vorher auch mit den Schwestern nur das Allernötigste geredet hatte, war so groß, dass er sich ungläubig wieder in seinem Bett zu mir herumwälzte, mich misstrauisch musterte und neugierig geworden bald begann, mit mir eine angeregte Unterhaltung zu führen.

„Wo kummst du denn von weck, wenn du keen Paster nich bist?“ Und dann unterhielten wir uns über eine Stunde lang angeregt und zum Erstaunen und zur großen Erleichterung der Schwestern.

Besitzt man ein Gefühl für Sprachen, bietet es sich an, nach Gemeinsamkeiten zu forschen.

„Kasachstan ist ein herrliches Land, ich war schon einmal dort, um zu jagen“, erzählte ich einem Spätaussiedler, und er war glücklich, aus seiner früheren Heimat berichten zu können.

„Meine Mutter kommt auch aus Schlesien“, oder: „Mein Onkel hat mir viel von Pommern erzählt.“ Damit habe ich schon viele Herzen geöffnet und die Menschen auf meine Seite gebracht.

Ein Anknüpfungspunkt sind sehr oft auch die Worte „Grüß Gott“, ein bei uns in Norddeutschland wenig geläufiger Gruß, und so werde ich deshalb oft auf meine Herkunft angesprochen.

„Oh, sieh da, einer aus München“, oder ich werde gefragt: „Kommen Sie aus Süddeutschland?“ Schon kann das der Beginn einer angeregten Unterhaltung sein.

Auch wenn ich eine „patzige“ Reaktion auf mein „Grüß Gott“ erhalte wie: „Wenn ich ihn sehe“ oder: „Den treffe ich ganz bestimmt nicht“, wende ich mich nicht ab, sondern versuche in lockerem Ton zu antworten: „Wenn Sie sich Mühe geben, treffen Sie den lieben Gott immer und überall, und ganz besonders jetzt, wo Sie krank sind“, und fahre dann fort, dass nicht nur menschliche Kunst und ärztliches Wissen eine schnelle Genesung bewirken können.

Man müsse schon selbst etwas dazu tun, sich von düsteren, hoffnungslosen und negativen Eingebungen zu trennen und positiven, vertrauensvollen Gedanken Platz verschaffen, das allein fördere den Genesungsprozess.

Mitunter erkenne ich, dass das Mürrischsein sich ins Nachdenkliche wandelt.

So wird mein „Grüß Gott!“ zum Anknüpfungspunkt für ein längeres Gespräch.

Mittragen des anderen Last

Einer trage des anderen Last.

Matthäus 20,12

Wie schon erwähnt, kann ein Kranker mit noch so gut gemeinten Ratschlägen aus den Erfahrungen von Fremden für sich selber im Allgemeinen wenig anfangen. Er ist zu sehr auf seine eigene Misere fixiert und nicht in der Lage und oft auch nicht willens, Außenstehende und deren Bereitschaft, ihm zu helfen, zur Kenntnis zu nehmen. Zuhören und aktives Hinhören sind für ihn dagegen hilfreich und wichtig.

Ein fünf- bis zehnminütiges Gespräch ist häufig das höchste, was ein gebrechlicher Patient verkraften kann. Zeichen von Ermüdung muss ich erkennen und darauf Rücksicht nehmen. Bei manchen Patienten verbringe ich aber auch eine Stunde und länger am Krankenbett.

Ich bemühe mich dabei, weder zu mitleidig noch zu vital aufzutreten, um dem Kranken das Gefühl der Unterlegenheit oder Benachteiligung zu nehmen.

Sehr nahe ging mir die Begegnung mit einer verzweifelten jungen Mutter von drei kleinen Kindern, die wusste, dass sie nur noch wenige Wochen oder Monate auf dieser Welt sein würde.

Sie bat mich, mich zu ihr zu setzen. Sie war offensichtlich froh, jemanden getroffen zu haben, mit dem sie über ihre Krankheit und über ihre Ängste sprechen konnte, ohne sich oder einem ihrer Angehörigen etwas vormachen zu müssen.

Sie verwickelte mich in lange Gespräche, und ich versuchte, sie zu trösten. Bald merkte ich, dass meine Besuche an ihrem Bett nicht sinnlos waren, und nicht nur sie, sondern auch ich selbst aus unseren Unterhaltungen Kraft schöpfte.

Ein solches Gespräch mit ihr bleibt mir besonders in Erinnerung:

Die Frau begann: „Ich habe in den letzten zwei Jahren viel bewusster, viel glücklicher mit meiner Familie zusammen gelebt und alles um mich herum, sei es Gutes oder Böses, viel intensiver wahrgenommen als vorher. Erst nachdem ich erfuhr, dass ich unheilbar krank bin, wurde mir bewusst, was es heißt, leben zu dürfen. Ich lernte, das wirklich Wesentliche von Unwichtigem zu unterscheiden."

Diese Unterhaltung führte mir wieder vor Augen, wie oberflächlich und oft sorglos wir in den Tag hinein leben und wieviel Gedanken und Kraft wir an scheinbar wichtige

Dinge vergeuden, die es kaum wert sind, beachtet zu werden.

Es sind die Dinge, die wir als selbstverständlich hinnehmen, ohne es zu erkennen, das Besondere – das Geschenk des Lebens schlechthin.

Ich habe von dieser Schwerkranken erfahren dürfen, worauf es im Leben wirklich ankommt: sich nicht mit Nebensächlichkeiten aufzuhalten, sondern das Wichtige anzupacken, dem Leben Positives abzugewinnen, kurz, was es bedeutet, leben zu dürfen.

Dabei kamen mir Luthers weise Worte in den Sinn: Wenn ich wüsste, dass morgen die Welt untergeht, würde ich heute noch ein Apfelbäumchen pflanzen.

Zeit für Gespräche unter Schweigepflicht

Der Mensch braucht zwei Jahre,
um sprechen und siebzig,
um schweigen zu lernen.

Ernest Hemingway

In erster Linie brauchen Kranke medizinische Versorgung und pflegerische Betreuung. Dafür sind bekanntlich die Ärzte und das Pflegepersonal zuständig. Sie sind dafür ausgebildet, darauf spezialisiert und werden für diese Aufgaben bezahlt.

Bei der Therapie des körperlichen Leidens kommen seelische Betreuung und geistlicher Zuspruch sowie mitmenschliche Zuwendung häufig zu kurz. Hier fehlt den Krankenhausdiensten oft die nötige Zeit, die aus Kostengründen immer mehr eingeschränkt wird.

Diesen Mangel spüren die Patienten und fühlen sich manchmal allein gelassen in dem hektischen Krankenhausbetrieb. Hier können die Grünen Damen und Herren helfen, ihr Betätigungsfeld finden und die verständlichen Erwartungen der Patienten erfüllen – und das schon allein durch ihre Anwesenheit und die Zeit, die sie mitbringen für Gespräche, für die seelische Aufrichtung, Verständnis und kleine Hilfen.

Ich kann Ärger und Mutlosigkeit aber auch aufkommende Ängste und Verzweiflung mittragen, denn ich bin ein Mensch wie mein Gegenüber, nicht im Dienst, wie die angestellten Ärzte oder das Pflegepersonal, sondern ich komme ehrenamtlich, freiwillig und unabhängig zu ihm.

Man kann sich mir bedingungslos anvertrauen, denn ich habe mich verpflichtet, alle Informationen, die ich während meiner Tätigkeit erhalte, und alle Gespräche, die ich führe, vertraulich zu behandeln und nicht an Dritte weiterzugeben.

Meine Schweigepflicht und meine Unabhängigkeit von Tarifen, Vorschriften, einengenden Reglementierungen und Leistungs- sowie Zeitdruck geben dem Kranken die Möglichkeit, Vertrauen zu mir zu fassen und die Sicherheit, offen mit mir sprechen zu können.

Ein pensionierter Pastor berichtete unter Tränen, als ich mich vorstellte und ihm erzählte, dass ich im Kirchenvorstand sowie praktizierender Christ sei, von der bevorstehenden Scheidung seines Sohnes, unter der er sehr litt. „Aber bitte, sprechen Sie mit niemandem darüber“, flehte er mich an.

Ich konnte seinen Kummer nachempfinden, denn in meinem Freundeskreis sind auch Ehen auseinandergegangen, meine Frau und ich haben mit den streitenden oder prozessierenden Eheleuten sowie ihren Kindern ebenfalls gelitten.

Als ich darüber offen sprach, wurde ich als Gesprächspartner ernst genommen. Ich hatte sein Vertrauen gewonnen.

Wie freute ich mich, als er mich bat, ihn doch recht bald wieder zu besuchen.

Bei meiner Arbeit bestärkt es mich, wenn ich Patienten besuche, die mit mir auch über ihre geheimsten Sorgen sprechen. Das gibt Mut und Selbstsicherheit, weiterzumachen, denn von Fremden ausersehen zu werden, auch das Persönlichste anvertraut zu bekommen, ist ein Geschenk, dessen man sich nicht genug freuen kann.

Engel in weiß

Der Unterschied von einem Menschen und einem Engel ist leicht.
Das meiste von einem Engel ist innen, und das meiste von einem Menschen ist außen.

Anna und Mister Gott (Flynn)

In meiner Jugendzeit, so erinnere ich mich jedenfalls, waren Schwestern ältere würdige Damen in steifer Tracht gekleidet. Man erkannte sie an einer frisch gestärkten, weißen Haube mit unzähligen Haarnadeln im streng nach hinten frisierten gepflegten Haar befestigt. Als einzigen Schmuck trugen sie an einem zierlichen Halskettchen ein Kreuz oder Ordenszeichen.

Haarklammern und Hauben sind längst aus der Mode gekommen, man sieht sie nur noch selten. Die heutige Schwesterngeneration hat sich gewandelt, äußerlich immer noch adrett und sauber, aber legerer, individueller und nicht mehr so uniform. Sie sind keine unscheinbaren „Karbolmäuse" mehr, sondern selbstbewusste, aber trotzdem aufopferungsbereite Frauen mit Tarifvertrag.

Früher hießen sie Maria, Benedikta, Paula, Magdalena, heute heißen sie Yvonne, Madeleine, Svenja oder Miriam, aber auch Reinhard, Bernd oder Christian!

Es gibt nämlich auch viele nette, kompetente und einfühlsame „männliche Schwestern“, die wie ihre Kolleginnen den Pflegeberuf erlernt haben. Genauso, wie ja auch männliche Grüne Damen im Krankenhaus tätig sind.

Das ist keineswegs eine Errungenschaft des 20. oder 21. Jahrhunderts. Bereits der Wahlspruch des vor über 900 Jahren zur Zeit der Kreuzzüge gegründeten Johanniterordens lautet „den Herren Kranken zu dienen“, und es gehörte zum Gelübde eines jeden Ordensritters, sich zur Erfüllung dieses Auftrages zum Pflegedienst zu verpflichten.

Gewiss waren es damals andere Umstände, die fern der Heimat die Kreuzritter im Heiligen Land beim Kampf gegen die Ungläubigen bewogen, sich dieses Leitmotiv auf ihre Fahnen zu schreiben die Grundidee für die Ritter war aber auch damals schon wie noch heute, Kranken und in Not befindlichen Menschen beizustehen.

Carmen, Jeanette, Peter oder Christian und wie sie alle heißen mögen, haben heute nach intensiver, anstrengender Lehrzeit ein schwieriges Examen bestanden, sind gut ausgebildet und auf ihren anspruchsvollen schweren Beruf vorbereitet.

Dass die Bezahlung für diese verantwortungsvolle Tätigkeit nicht immer ihrem Können entspricht, ist ein Thema, das mich oft beschäftigt.

Den „alten“ und den „neuen“ Schwestern ist meistens eines gemeinsam: Sie lassen sich in ihre Arbeit nur ungern hineinreden, schon gar nicht von einem Mann. Das bekam auch ich oft zu spüren. Manchmal glaubte ich sogar, als Störenfried oder Konkurrenz empfunden zu werden.

Das sind aber Gott sei Dank nur Ausnahmefälle, denen ich dann mit Gelassenheit und Humor begegnete und den Schwestern bezeugte, dass ich nicht in ihre Zuständigkeiten und Kompetenzen eingreifen wollte. Daraufhin ist unsere Arbeit von gegenseitigem Respekt und gegenseitiger Rücksichtnahme geprägt.

Etwas Selbstironie oder ein Witz helfen eher als beklemmendes Schweigen. So wie man in den Wald hinein ruft, so schallt es schließlich auch heraus.

Wenn ich dann auch noch anbiete, kleine Dienstleistungen, die nicht zu meinem direkten Aufgabenbereich als Grüne Dame gehören, zu übernehmen, wie: „Soll ich Ihre Stationspost aus der Zentrale mitbringen?“ „Haben Sie etwas aus der Apotheke zu besorgen?“ oder „Darf ich beim Transport helfen?“, habe ich meistens auch die strengste Oberschwester oder den gefürchteten „Stationsdrachen“ auf meiner Seite.

Der Erfolg meiner Strategie zeigte sich, als eine alte Schwester nach anfänglichem Misstrauen und Kompetenzschwierigkeiten zugab: „Unsere Patienten wären ärmer, wenn es die Grünen Damen nicht gäbe. Wir Hauptamtlichen sind oft nicht in der Lage, das zu leisten, was Sie tun.“

Ich will helfen, den mir anvertrauten Menschen in ihrer Krankheit das Gefühl zu geben, dass sie in ihrer Not Beistand erhalten und dass sie verstanden und nicht allein gelassen werden.

Meine Tätigkeit kann aber nur in einer vertrauensvollen Zusammenarbeit und durch die hilfreiche Unterstützung der Schwestern, Pfleger und Ärzte gelingen, deren Aufgabe, wie bereits erwähnt, in erster Linie auf das körperliche Wohlergehen gerichtet ist, während ich mich für das seelische und geistige Aufmuntern der Kranken zuständig fühle.

Immer, wenn ich mich auf der Station mit den Damen und Herren in weißen Kitteln aufhalte, mache ich folgende Beobachtung: Die einen der weiß Bekittelten blicken bedeutsam und ernst drein, die anderen lächeln. Die Ernsten sind die manchmal auch „Götter in Weiß“ genannten, Visite machenden Ärzte, die Lächelnden die Schwestern. Die meisten von ihnen hat der liebe Gott geschaffen, als er glänzender Laune war. In aller Herrgottsfrühe treten sie zur ersten Schicht an. Dabei haben sie zu Hause oft eigene Probleme. Sie lächeln, obwohl hinter diesem Lächeln vielleicht manche Sorgen, Nöte und verborgene Tränen stecken.

„Mein Lohn ist, dass ich darf“, sagte einmal Schwester Eva von Thiele-Winkler.

Das ganze oft hektisch gewordene Krankenhausleben wäre ohne dieses Lächeln wahrscheinlich kaum zu ertragen. Es ist eine Medizin besonderer Art, die bisher noch kein Pharmakonzern der Welt entwickeln konnte und es ist ganz beruhigend: Ein Honorar für dieses Lächeln erscheint auf keiner Rechnung!

Ja, und dann gibt es eben noch die grünbekittelten Damen und Herren, die weder fordern noch drängen, verbieten oder verlangen, voraussetzen oder erwarten.

So berührt es ich mich stets peinlich, wenn mir ein Trinkgeld für meine freiwilligen Leistungen angeboten wird und ich auf Unverständnis stoße, wenn ich es ablehne.

Ich musste erst lernen, mich über den Obolus zu freuen. Solche Gelder wandern nun in unsere Gruppenkasse, auch Grüne Damen und Herren haben mitunter Bedürfnisse während ihres Dienstes, und wenn es nur eine Tasse Kaffe oder Tee ist.

Die Ansicht, für jede Leistung bezahlen zu müssen, ist im Bewusstsein vieler Menschen verhaftet. „Im öffentlichen Leben wird einem ja auch nichts geschenkt“, werde ich manchmal belehrt und freue mich dann, dass ich auf die Grünen Damen und Herren verweisen kann.

Das Krankenzimmer – ein Zuhause auf Zeit

Freilich ringt wohl jeder,
wer Trübsal duldet, nach Heimkehr.

Homer, Ilias 2, 291

Eine verständnisvolle Oberschwester nannte ein Krankenzimmer einmal „das Zuhause auf Zeit.“

Was erwartet mich hinter der Tür dieses Raumes, dieses „Zuhause auf Zeit“, welche Sorge, welche existentielle Not im schweren Krankheitserleben, welche Verlassenheit, Verzweiflung, Einsamkeit, Mutlosigkeit, welche Sehnsüchte? Und werde ich helfen können, die passenden Worte finden? Selbst nach mehr als zehn Jahren Dienst habe ich immer noch etwas Schwellenangst, dem Lampenfieber eines Darstellers vor seinem Auftritt vergleichbar, kommen immer noch Zweifel in mir auf, ob es mir gelingt, das Richtige zu tun. Auch wenn ich im Laufe dieser Jahre sehr viel gelernt habe, sind meine Besuche am Krankenbett nie Routine, sondern jedesmal wieder eine neue Herausforderung mit ungewissem Ausgang.

Das Krankenzimmer ist für den Patienten sein Zuhause, hier ist seine Intimsphäre. Deswegen klopfe ich, bevor ich eintrete, selbstverständlich an und warte, bis man meinen Eintritt gestattet.

Während seiner Bettlägerigkeit ist das gesamte Umfeld des Kranken nämlich auf dieses, auf „sein“ Zimmer zusammengeschrumpft, es hat sich buchstäblich zum Wartezimmer reduziert. Hier ist er zum Warten verurteilt, seine Welt endet praktisch an der Bettkante.

Vielleicht gehören noch Stuhl, Nachttisch und ein Schrank zu seinem Reich, dann aber ist Schluss, und der Patient wird mitunter empfindlich reagieren, wenn sich jemand ungefragt auf die Bettkante setzt, denn damit wird ungewollt oder unbewusst das letzte ihm verbliebene Terrain, seine Intimsphäre verletzt.

Auch die Anordnung auf dem Nachttisch zu ändern, wird mitunter als unangenehmer Akt empfunden.

Wenn das Buch nicht am gewohnten Platz liegt, wo der Patient es mühelos erreichen kann, ohne Hilfe zu erbitten, und wenn das Bild eines geliebten Menschen nicht dort steht, wo er es anschauen kann, ohne sich mühsam umdrehen oder den Kopf heben zu müssen, kann das für ihn bereits zu einem Problem werden.

Die Sicht des Kranken vom Bett aus ist eine andere als der Blickwinkel eines stehenden Besuchers. Allein schon deshalb ist trotz aller Herzlichkeit und Offenheit ein gewisser Abstand, eine „Distanz der Sicherheit“ angebracht.

So setze ich mich beim Krankenbesuch auch nicht auf die Bettkante, sondern frage, ob ich daneben auf einem Stuhl Platz nehmen darf. Damit signalisiere ich, dass ich den Eigenbereich des Bettlägerigen respektiere und gleichzeitig: „Ich habe Zeit für sie!“

Manche Patienten sind häufig so mit sich selbst, mit ihrer Krankheit und ihren Problemen beschäftigt, dass sie ihre Umgebung kaum wahrnehmen. Oft haben sie die Bilder an der Wand ihres Krankenzimmers oder auf dem Flur kaum bemerkt und erst registriert, als ich sie darauf aufmerksam machte. Dann war das Erstaunen über ein ansprechendes Motiv oder über die fröhlichen Farben auf einmal groß.

Ich traf aber auch auf ablehnende Haltung, die auf den augenblicklichen Gemütszustand des Kranken zurückzuführen ist.

„Könnten Sie das Bild mit den bunten Blumen abnehmen? Es passt so gar nicht zu dem Wetter und der Jahreszeit. Außerdem habe ich die einzelnen Pflanzen schon viele Male gezählt, kenne sie alle auswendig, ich kann Ihnen das Bild mit geschlossenen Augen erklären und beschreiben, es stört mich!“

Das verwunderte mich, denn diese Patientin war sonst ihrer Umgebung gegenüber sehr aufgeschlossen. Ich erfüllte ihr den Wunsch und tauschte einen Druck von Albrecht Dürer, der auf dem Flur hing, gegen das Blumenbild aus.

„Bei mir zu Hause hängen andere Bilder, aber hier möchte ich doch etwas Fröhliches haben“, bat mich eine andere Patientin. Ich konnte ihr schnell helfen, wobei mir klar wurde, dass das ästhetische Empfinden eines Menschen auch oft von seiner augenblicklichen Stimmung abhängt.

Hinzu kommt, dass der Kranke, der mit seinen Gedanken ganz woanders und zudem stets auf fremde Hilfe angewiesen ist, sich freut, endlich wieder einmal selbst entscheiden und bestimmen zu dürfen, womit er sich umgibt und was ihm gut erscheint. So kann er ein Bild wählen, das zum Träumen anregt oder seine Phantasie beflügelt, das Erinnerungen weckt oder einfach nur eine gelöste Stimmung vermittelt: Der Kranke hat ja genügend Zeit und Muße, sich mit ihm zu beschäftigen.

Ein Gemälde von Caspar David Friedrich beispielsweise stimmt manchen Menschen traurig und tröstet ihn nicht, weil er augenblicklich nicht in der Lage ist, sich von allem losgelöst auf intensives Schauen zu konzentrieren und sich an der Schönheit zu erfreuen. Bilder von Carl Spitzweg hingegen zeigen in feinen, stimmungsvollen Darstellungen das humorvolle, unbeschwerte Leben von Kleinbürgern und Sonderlingen, von ganz normalen Menschen der Biedermeierzeit, schenken dem Kranken Einblicke in das geruhsame Leben und bürgerliche Geborgenheit. Man erkennt dahinter oft einen tieferen Sinn, der zum Nachdenken anregt, dabei aber dem Betrachter Fröhlichkeit vermittelt.

Solche Motive fördern Lebensfreude und Lebensmut.

Besonders dankbar sind Patienten, wenn ich sie zu einem Fenster in der obersten Etage des Krankenhauses führe. Der Enge ihres Krankenzimmers entflohen, dessen vier Wände nahe Grenzen setzen, kann der Blick nun weit über die Dächer der Stadt schweifen und ihr Umfeld erweitern. Das ist erholsam, entspannend und beruhigend.

Eine Dame bestätigte es mir: „Ich fühlte mich so eingesperrt, dachte schon, es gehe langsam mit mir zu Ende, aber nun habe ich gesehen, dass es noch etwas anderes gibt als die vier Wände des kleinen Krankenzimmers." Sie begann wieder Mut zu fassen.

Einsamkeit

Wer sich der Einsamkeit ergibt,
Ach! Der ist bald allein.

Johann Wolfgang v. Goethe
„Wilhelm Meisters Lehrjahre"

Krankheit und die parallel dazu auftretende Einsamkeit belasten Patienten in vielen Fällen doppelt schwer.

Zum Heilen der Krankheiten gibt es Spezialisten, erfahrene Ärzte und Therapeuten, die alles in ihren Kräften Stehende tun, um ihre Patienten zu kurieren, ihre Leiden zu lindern, ihnen nach Unfall, Verletzung oder Infektion durch Operation oder Medikation wieder ein normales Leben zu ermöglichen.

Das Gefühl der Einsamkeit verursacht oft seelische Schmerzen, die ich zwar durch Mitfühlen, Verständnis und Trösten am Krankenbett lindern kann, heilen kann ich sie nicht.

Unter dem Gefühl der Nutzlosigkeit, des Überflüssigseins, des nicht mehr Gebrauchtwerdens und der damit einhergehenden Flucht aus der Wirklichkeit oder des Verdrängtwerdens in die Isolation leiden insbesondere ältere Menschen. Sie verlieren dann häufig ihr Selbstvertrauen und Selbstwertgefühl. Das führt zu Depressionen.

Schmerzen werden mitunter nicht mehr so stark empfunden, quälende Gedanken für kurze Zeit verdrängt und Sorgen vergessen, wenn mit dem Patienten gesprochen oder ihm vorgelesen wird, sei es über wichtige oder nichtige Angelegenheiten.

Geteiltes Leid ist nun einmal halbes Leid, und geteilte Freude bedeutet doppelte Freude.

Eine Dame, die ich mehrfach an ihrem Krankenbett besuchte, ist mir in besonderer Erinnerung geblieben.

Wenn ich ihr Zimmer betrat, drehte sie sich stets verschämt ab, schaute kurz in ihren kleinen Taschenspiegel, puderte ihr Gesicht, fuhr sich mit einer Bürste durch die Haare und wandte sich erst dann ganz entspannt mir zu.

Der Grund ihres Krankenhausaufenthaltes ist mir entfallen, ist auch unerheblich, denn einen Tag nach meinem letzten Besuch sollte sie als geheilt entlassen werden.

Über drei Wochen lang hatte sie einen putzmunteren Eindruck auf mich gemacht, erzählte strahlend von ihren beiden Enkeln und wie dankbar sie stets sei, wenn sie die Kinder bei deren Besuch versorgen und verwöhnen durfte. Insgeheim wünschte ich mir selbst eine so aktive Oma für meine eigene Familie. Die zarte Person erschien mir als

Typ oder Beispiel einer idealen Großmutter: die weißen Haare zu einem Knoten zusammen gebunden, auf der Nase eine zierliche Drahtbrille, mit leiser Stimme und gütigen, großen Augen. Ich konnte mir lebhaft vorstellen, wie sie im Lehnstuhl saß und ihren Enkeln Märchen vorlas.

Je näher aber der Tag ihrer Entlassung rückte, desto schweigsamer wurde sie. Ihre anfängliche Fröhlichkeit ließ von Tag zu Tag nach. Sie wirkte immer trauriger und verstummte schließlich ganz, wenn ich bei ihr war.

Doch dann, eben am Tag vor der Entlassung, kurz vor unserem Abschied, brach es plötzlich aus der alten Dame heraus: „Ich schneide mir die Pulsadern durch!"

Entsetzt und verständnislos starrte ich sie an. Sie, die mir noch vor wenigen Tagen so begeistert und fröhlich von ihrem Zuhause erzählt hatte, wollte nicht mehr leben?

Ich versuchte, meine Eindrücke und Gedanken der letzten Tage zu ordnen, rang krampfhaft nach passenden Worten, so dass ich schließlich, als ich meine Sprache, nicht aber meine Schlagfertigkeit wiederfand, zu stammeln begann und nur etwas Zusammenhangloses, Belangloses daherredete.

Aber dann sprudelte es aus meiner „Bilderbuchoma" nur so heraus, und ich konnte lediglich sprachlos zuhören. Sie erzählte von den wenigen Lichtblicken ihres Lebens in den letzten Jahren, die sie durch ihre geliebten Enkelkinder hatte, und dann von ihrem Mann, mit dem sie seit fast 50 Jahren verheiratet war.

„In zwei Jahren haben wir goldene Hochzeit", sie sagte „haben", nicht „feiern", trotzdem glaubte ich für kurze Momente noch einmal diesen gütigen, dankbaren Glanz in ihren Augen zu erkennen, der aber wieder verschwand, als sie weitersprach.

„Mein Mann ist immer gut zu seiner Familie gewesen. Als Finanzbeamter in der Behörde unserer Kleinstadt tätig, war er in seinem Beruf fleißig, gewissenhaft und auch sehr beliebt und ging förmlich darin auf.

Die Freude an seiner Arbeit war ihm das Wichtigste. Er nahm sich nur selten einmal Zeit für andere Dinge. Auch zu Hause gab es kaum ein anderes Thema als „das Amt" und die Kollegen. Mit der Zeit hatten wir uns daran gewöhnt."

Hier verweilte sie einige Augenblicke, bevor sie weitererzählte.

„Als mein Mann dann aber vor fünf Jahren in den Ruhestand versetzt wurde, konnte er sich mit seiner neuen Situation erst nur schwer und dann überhaupt nicht mehr abfinden.

Nach einigen Monaten begann er wunderlich zu werden, redete weniger, wurde immer verschlossener und schweigsamer, bis er schließlich den ganzen lieben langen Tag kein Wort mehr mit mir sprach."

Das Folgende kam ihr schwer über die Lippen: „So haben wir seit drei Jahren keinen einzigen Satz mehr miteinander gesprochen. Dabei leben wir im selben Wohnraum, schlafen im selben Schlafzimmer, nehmen dreimal am Tag gemeinsam unsere Mahlzeiten ein, sitzen abends zusammen vor dem Fernsehapparat und alles schweigsam und stumm!"

Die alte Dame versank in tiefes Nachdenken. Ich hatte den Eindruck, als wolle sie damit am liebsten das Erlebte ungeschehen machen oder aber vergessen.

Mich schauderte. Ein Leben, kalt wie im Aquarium, auch wenn die Umgebung auf Außenstehende bunt und fröhlich wirken mochte. Was hatte diese Frau ertragen müssen und darunter Tag für Tag, Jahr um Jahr gelitten!

Dass das Dasein für diese warmherzige, liebenswerte und früher so lebensbejahende Frau unbarmherzig, enttäuschend, ja nicht mehr lebenswert erschien, konnte ich mir vorstellen, und ich konnte verstehen, dass sie nichts zurück an den Ort zog, wo sie die letzten Jahren so viel Schweres ertragen hatte.

Durch wie viele, für mich fast unvorstellbare Seelenqualen musste sie gegangen sein! Ich freue mich mit jedem Patienten über das kleinste Fünkchen Hoffnung, in diesem Fall konnte ich der Patientin lediglich Mut zusprechen, sie aufmuntern, wirklich trösten konnte ich sie nicht, denn trösten bedeutet ja, demjenigen der trauert, den Anlass zu nehmen, weshalb er traurig ist. Aber schon dies Bedrückende ihrer Lage einmal in Worte gefasst zu haben, erleichterte sie so, dass sie am Ende unseres Gespräches bereits wieder tapfer lächelte.

Ich habe ihr keinen Rat geben können, aber allein durch mein geduldiges Zuhören Gelegenheit gegeben, sich viele Probleme von der Seele zu reden.

Endlich hatte sie jemanden gefunden, dem sie sich nach langer Eiszeit des Schweigens, in der sie alles in sich hineingefressen und verschlossen hatte, öffnen und anvertrauen konnte.

Ich fühlte, dass sie wieder neue Kraft schöpfen würde, um weiterzuleben. Sehr vielen Kranken kann geholfen werden, sehr vielen Einsamen leider nicht. Wie schmerzhaft Einsamkeit und wie wichtig Kommunikation sind, wird mir immer wieder bewusst, wenn ich an diese Begegnung denke und wie hilfreich ist es dann in Römer 12.15 zu lesen:

„Freut Euch mit den Fröhlichen und weint mit den Weinenden“.

Sucht des Rauchens – beruhigendes Laster

Drei Wochen war der Frosch so krank,
jetzt raucht er wieder, Gott sei Dank.

Wilhelm Busch

Es ist verständlich und sinnvoll, dass im Krankenzimmer nicht geraucht werden darf.

Man kann aber nur jene Laster beurteilen, denen man selbst verfallen ist.

Da ich als Pfeifenraucher selbst dem blauen Dunst fröne, verstehe ich, dass es manchem Patienten sehr schwer fällt, auf das Rauchen im Krankenbett zu verzichten.

Um den Kranken in ihrer misslichen Lage nicht auch noch zusätzlich eine Entziehungskur aufzubürden, gibt es in manchen Kliniken, so auch in „meiner“, noch so genannte Raucherecken, in denen unbeschwert gepafft werden darf.

Andernfalls hätte sich schon so mancher Süchtige mit einem schlechten Gewissen belastet und womöglich auf der Toilette oder an anderen Orten, wo er sich sicher und unbeobachtet glaubt, heimlich eine Zigarette angesteckt.

Rauchen, das weiß ich aus eigener Erfahrung, kann beruhigend wirken und helfen, die Ungewissheit des Wartens zu verkürzen und zu erleichtern, zumal ein Tag im Krankenhaus dem Patienten sehr lang erscheinen kann!

Das Nichtstun und der ungewohnte Tagesrhythmus in einem Krankenzimmer können deprimierend sein und sind nicht gerade geeignet, Auftrieb und Kraft zu baldiger Genesung zu geben.

Befohlene Untätigkeit lähmt in jedem Menschen den Widerstand sowie seinen Lebenswillen, er fügt sich leichter in scheinbar Unvermeidbares und geht nicht dagegen an.

Wenn ich von einem Patienten gebeten werde, ihn in das Raucherzimmer zu begleiten, tue ich das in Absprache mit dem Pflegepersonal ohne Umschweife.

Meine erste Aktion ist, demonstrativ die Fenster zu öffnen und den Raum zu lüften. Schon daraus ergeben sich meistens Gespräche, während derer ich merke, dass der Patient sich innerhalb weniger Minuten verändert, ruhiger, entspannter und gesprächiger wird, als falle eine Last von ihm ab.

Er hat jemanden gefunden, der sein Laster oder seine Sucht teilt und nicht verurteilt, einen Menschen, der ihn versteht.

Auch wenn der Kranke es nicht zugestehen mag, er unterliegt in der ihm aufgezwungenen ungewohnten Umgebung einer gewissen Stresssituation. Wenn er zusätzlich auf eine Gewohnheit verzichten muss, steigert sich seine Anspannung und Unzufriedenheit. Eine Zigarette kann dann zu seinem Wohlbefinden beitragen.

Seine zwar ungesunde aber liebgewordene Gewohnheit bringt ihn auf andere Gedanken und gibt ihm das Gefühl, dass ihm etwas aus seiner gewohnten Umgebung geblieben ist.

Ein besonders schwerer Fall ist mir noch gut in Erinnerung:

Ein schwerkranker Patient konnte das Rauchen partout nicht lassen. Doch ein Arzt, selber starker Raucher, hatte Mitleid. Mehrmals am Tag bekam der Kranke Morphium, damit er seine Schmerzen ertragen konnte, und dann wurde er von mir ins Raucherzimmer gefahren, wo wir ganz entspannt jeder genüsslich eine Zigarette pafften, und ich registrierte sehr wohl, dass die elendigen Schmerzen für kurze Zeit vergessen waren.

Nöte der Angehörigen

Nicht die vergossenen,
die ungeweinten Tränen sind
die schmerzlichsten.

Sprichwort

Wohl die meisten Kranken müssen ihren Lebensraum (ihr Krankenzimmer) mit Partnern teilen, die sie sich nicht aussuchen können. Ein vertrautes Gespräch unter vier Augen mit Angehörigen ist meistens nicht möglich, die Unruhe im Krankenzimmer kann quälend sein, und der Ehepartner wird dann zum „Besuch".

Mancher Kranke gibt mir das Gefühl, ich sei für ihn hilfreicher als seine nächsten Angehörigen oder Freunde. Unsere Gespräche verlaufen dann mitunter sehr intensiv, intim, persönlich, und wenn sich der Patient bei mir für die Unterhaltung bedankt, gewinne ich den Eindruck, er habe außer mir scheinbar niemanden auf der ganzen Welt, dem er sich anvertrauen kann.

Bei längerem Nachdenken kam ich zu dem Schluss, dass Angehörige und Freunde womöglich ihre eigenen Ängste und Zukunftssorgen mit an das Krankenbett bringen und damit ihre Bereitschaft einschränken, sich von allem losgelöst, auf die Nöte und das Begehren des Patienten einzustellen. Ihre eigenen Sorgen trüben den Sinn für das, was den Kranken bewegt und was ihm helfen würde. So bleibt das Wiedersehen oft ein „Pflichtbesuch“ und belastet mehr als es erfreut.

Ärzte, Therapeuten und Pflegende müssen sich beruflich mit den Patienten beschäftigen. Ich aber bin quasi als guter Nachbar, als Unparteiischer und Unbefangener freiwillig zu ihm gekommen und für alle Sorgen offen.

Mit manchen Problemen möchte der Kranke die Schwestern oder Ärzte nicht belästigen und seine Angehörigen auf keinen Fall belasten. Es ist dann gut für ihn, einen außenstehenden Menschen zu haben, der ihm zwar nicht nahe steht, aber seine Gefühle und Gedanken begreifen sowie nachvollziehen kann und zu dem keine emotionellen Bindungen bestehen. Eine Person also, die man durch Offenheit nicht verletzt und die gegenüber dem eigenen Leben und Leiden genügend Abstand hat, die unvoreingenommen und meistens auch nicht durch Vorinformationen belastet auf ganz persönliche Anliegen eingehen kann.

Ja, es führt sogar mitunter dazu, dass Patienten versuchen, die Schwere ihrer Krankheit vor ihren Angehörigen herunterzuspielen oder zu verheimlichen, um sie nicht zu beunruhigen, aber dann sprudeln im Gespräch mit einem Unbefangenen, mit einer völlig fremden Person, plötzlich all die aufgestauten oder verdrängten Sorgen und Nöte heraus, und das erleichtert dann ungemein.

Ich bin Laie ohne Fachkompetenz und erkenne die Grenzen meiner Hilfsmöglichkeiten. Aber als Außenstehendem besteht für mich immerhin die Chance, zwischen Patienten, Ärzten, Therapeuten oder Pflegepersonal sowie den verzweifelten Angehörigen zu vermitteln, sie zu beruhigen, und die bereinigte Atmosphäre und gute Stimmung unter den Angehörigen, Patienten und Helfern überträgt sich dann auf die gesamte Station.

Deshalb ist die Betreuung und Begleitung der Angehörigen oft auch sehr wichtig. Sie kann mitunter sogar wichtiger sein als die des Patienten.

Ich unterhalte mich mit ihnen in aller Ruhe. Meistens genügt es schon und gibt ihnen Erleichterung, wenn ich mir ihre Ängste und Nöte anhöre. Und so, wie ich froh und glücklich mit den Genesenden bin, so trauere ich mit den Hinterbliebenen über einen Todesfall. Aber auch dabei kann man sein „blaues Wunder“ erleben:

So wartete eine Patientin seit Wochen auf den Besuch ihres Sohnes, und wie Bettnachbarn erzählten, rief sie sogar nachts, wenn sie träumte, oft seinen Namen. Jedes Mal, wenn eine von uns grünen Damen das Zimmer betrat, ja immer, wenn ein fester Schritt auf dem Flur zu hören war, hoffte sie, es sei ihr Junge, berichtete sie.

Öffnete sich die Tür, blickte sie erwartungsvoll auf den Eintretenden und war bitter enttäuscht, dass es nicht ihr Sohn war.

Auch bei meinen eigenen Besuchen erlebte ich eine zutiefst betroffene Frau in Tränen aufgelöst.

Das alles mit ansehen zu müssen, machte uns alle, Schwestern, Pfleger und Grüne Damen schwer zu schaffen.

Schließlich waren es über drei Wochen, die sie vergeblich gewartet hatte, wie sie uns bei einem unserer Besuche traurig erzählte.

Deshalb erbarmte sich eine Grüne Dame und rief den „verlorenen“ Sohn an. Der aber wollte nicht kommen, im Gegenteil: „Was mischen Sie sich da ein? Sie haben ja keine Ahnung was die Alte von mir will!“, wurde sie beschimpft, bevor der unfreundliche Gesprächspartner am anderen Ende der Leitung den Hörer auf das Telefon knallte.

Diese Reaktion hat uns alle sehr bedrückt, und ich war erleichtert, dass nicht ich diese Nachricht der armen kranken Mutter überbringen musste.

Alte Bekannte

Die Menschen sind nicht immer,
was sie scheinen.

Gotthold Ephraim Lessing

Unerwartet oder, genauer ausgedrückt, unverhofft treffe ich bei meinen Gängen durch die Krankenzimmer mitunter alte Bekannte. Das Erstaunen ist dann auf beiden Seiten groß. Oft freuen wir uns, auch wenn der Anlass und der Ort nur wenig Grund zur Wiedersehensfreude geben.

Manchmal merke ich, dass es meinem Gegenüber unangenehm oder gar peinlich ist, ihn in dieser misslichen Lage anzutreffen. Es scheint, als habe er ein schlechtes Gewissen, als wäre es seine Schuld, krank zu sein.

Ich übergehe diese Situation, erkundige mich nach der Familie oder seinem Berufsleben und erfrage keinesfalls den Grund seines Hierseins. Aber mitunter bricht es plötzlich aus ihm heraus.

Er spricht über Probleme daheim, die ich nie vermutet hätte, denn bis dahin erschien mir sein Familienleben einwandfrei, ja vorbildlich, die Ehe wirkte nach außen intakt, die Kinder entwickelten sich anscheinend großartig.

Ich erinnere mich: Wenn wir uns vorher trafen, begegneten wir uns fröhlich, unbeschwert, vermieden es, über Unangenehmes zu reden, nach außen war die Welt in Ordnung. Doch nun offenbart er sich mir in seiner Not, und ich erfahre, dass die (manchmal bittere) Wirklichkeit eben doch völlig anders aussieht, als sie nach außen hin erscheint.

Wahrscheinlich teilt er mir all das nur mit, weil er sich auf einmal hilflos oder unterlegen fühlt, weil er bei jemandem Halt zu finden sucht, dem er vorher nicht zugetraut hätte, sich unvoreingenommen, freiwillig und ehrenamtlich Zeit zu nehmen, um dem Nächsten zu helfen.

Manchmal werde ich dann für meine Tätigkeit bewundert. „Ich wusste gar nicht, dass Männer auch als Grüne Damen arbeiten." Das „arbeiten" nehme ich stets dankbar zur Kenntnis. Oder: „Gut, dass es solche Ehrenämter gibt, der Staat kann ja schließlich nicht alles übernehmen und für jeden Einzelnen sorgen."

Meistens entwickeln sich hieraus fruchtbare Gespräche. „Ich würde ja gerne, aber leider habe ich keine Zeit", oder: „Sie wissen schon, Arbeit und Familie", oder: „Wenn ich wieder gesund bin, will ich das ganz gewiss auch machen", oder: „Ich muss auch mal wieder zur Kirche gehen."

Dann nicke ich schweigend. Leider bleiben es meistens Lippenbekenntnisse. Ich erinnere mich jedenfalls nicht, dass ich einen meiner Bekannten für diese dankbare und erfüllende Aufgabe hätte anwerben können.

Und hierbei kommt mir der Gedanke: „Kann man denn wirklich jemanden für ein Engagement gewinnen, das ihm fremd ist und das er im Grunde gar nicht auf sich nehmen mag? Könnte daraus überhaupt eine wirkliche, sinnvolle Hilfe erwachsen?“

Ich glaube kaum, vielmehr muss von vornherein ein „fruchtbarer Boden“ vorhanden sein, auf dem die Saat aufgehen kann.

Die Krankenhausbibliothek – Apotheke für die Seele

Ein Buch, das nicht wert ist,
zweimal gelesen zu werden,
ist auch nicht wert,
dass man es einmal liest.

K. J. Weber

Nicht alle Kranken bringen ein Buch zum Lesen mit. Sei es, weil sie im normalen Leben kaum lesen, sei es, weil der Krankenhausaufenthalt sehr plötzlich notwendig wurde oder man beim eiligen Einpacken von Kulturbeutel, Schlafanzug und Bademantel nicht an Lektüre dachte.

Im Gegensatz zu großen öffentlichen Büchereien haben Krankenhausbibliotheken zwar nur ein begrenztes Angebot, das reicht jedoch meistens aus, denn die Leserschaft wechselt häufig, es gibt kein „Stammpublikum“, das stets mit aktuellen Neuerscheinungen verwöhnt werden müsste.

Die Grünen Damen und Herren sind hier mitunter gefragt und sollten in der Lage sein, den Patienten zum Lesen zu ermuntern, ihn zu beraten und ein entsprechendes Buch auszuwählen. Viele Patienten, die vorher selten oder gar nicht gelesen haben, entdecken mit einem Mal, vielleicht aus Langeweile, dass Bücher doch sehr unterhaltsam sein können.

Ich begegne auf meinen Rundgängen vielen Menschen mit unterschiedlichstem Bildungsniveau, persönlich ausgerichtetem Geschmack sowie individuellen Meinungen, Kenntnissen und Interessen.

Selbstverständlich sollten alle Grünen Damen ganz grob über den Bestand der Bücherei Bescheid wissen und Auskunft geben können. Sie müssen über Einfühlungsvermögen und Menschenkenntnis verfügen, um die augenblickliche Verfassung und das geistige Niveau des Patienten bei der Wahl einer geeigneten Lektüre zu berücksichtigen. Das passende Buch im richtigen Moment soll interessieren, aufheitern, entspannen und von der bedrängenden Gegenwart, sowie der einengenden Umwelt ablenken. Der Patient sollte aus dem Gelesenen neue Kräfte schöpfen können, die sich positiv auf den Heilungsprozess auswirken. Eine geeignete Lektüre vermag während seiner Krankheit für den ans Bett gefesselten Patienten eine viel höhere Bedeutung erlangen als im gesunden Leben.

Ich muss deshalb meine Empfehlungen sorgfältig abwägen, weil der Kranke viel sensibler auf alles reagiert, was auf ihn einströmt, insbesondere dann, wenn er es schwarz auf weiß lesen kann.

Manche Bücher erfordern zuviel Konzentration, andere sind zu schwer, um sie im Liegen halten zu können, wiederum andere haben eine zu kleine Schrift für die schwachen Augen alter Patienten.

Ein sonst begeisterter Krimileser ist vielleicht gar nicht in der Stimmung oder seelischen Verfassung, seine Lieblingslektüre zur Hand zu nehmen. Vielleicht kann er den Inhalt eines Buches mit temporeicher Handlung und gewaltbereiten Personen auch gar nicht aufnehmen oder erschrickt eher und bekommt Angstträume. Stattdessen können ein leichter Roman, ein Reisebericht oder eine anspruchslose, wenig dramatische Lektüre für ihn im Augenblick geeigneter und zuträglicher sein.

Einem Mutlosen hilft mitunter die Biographie einer Persönlichkeit, die ihr Schicksal gut bewältigte und im Inhalt eventuell Lösungsmöglichkeiten für die eigenen Probleme anbietet oder durch Vorbild einfach Mut macht.

Ein fröhlicher Roman oder eine seichte Erzählung sind mitunter eine geeignetere Unterhaltung, auch wenn der anspruchsvolle Patient zu Hause so etwas nie lesen würde.

Andere wiederum bevorzugen ein spannendes Buch oder einen Kriminalroman, um schlaflose Nächte zu verkürzen.

Ich traf Patienten, die sich in ihrer erzwungenen Untätigkeit fast zu Tode langweilten, leer und unnütz fühlten, zu Depressionen neigten. Ihnen versuchte ich stets ein heiteres Buch ans Herz zu legen oder einen kleinen Bildband zu empfehlen, um ihr Interesse und damit neue Lebensgeister zu wecken.

Ich selbst kann mich an lustigen Anekdoten erfreuen. Tiefgründiger Humor, originell verpackt, Schnurren, Possen und ein wenig „Jägerlatein", wie es einem eingefleischten Waidmann gut ansteht, bereiten mir großes Vergnügen und bringen mich zum Schmunzeln und zum Lachen.

Und lachen ist gesund! Wer bedarf dessen mehr als ein Kranker, der wieder genesen will!

Ein Buch zur rechten Zeit, geschickt ausgewählt, kann zwar über trübe Gedanken und leere Stunden hinweghelfen, aber auch das Lesen ist kein Allheilmittel. Es bringt aber, wie Blumen, Besuche und Gespräche, Abwechslung in das triste Alltagsleben eines Krankenzimmers und fördert den Genesungsprozess.

Der Kiosk – wichtige Anlaufstelle

Wer vieles bringt,
wird manchen etwas bringen.

Johann Wolfgang v. Goethe

Dem Patienten werden während seines Krankenhausaufenthaltes (fast) alle Mühen abgenommen. Benötigt er etwas aus dem Standardvorrat der Station, drückt er auf den Klingelknopf, und es wird ihm gebracht. Aus dem Angebot eines Kioskes aber kann er selbständig aussuchen, selber entscheiden, was er kaufen möchte. Das bringt ein Stück Normalität in sein augenblickliches Dasein und bedeutet quasi eine Flucht aus dem Krankenhausaufenthalt.

In „meinem" Krankenhaus kommt das sympathische Pächterehepaar der Kantine und des Kiosks aus dem Schwestern- beziehungsweise Pflegeberuf. Beide können sie sich in die Situation von Kranken hineinversetzen, deren Lage, Wünsche und Gefühle verstehen und nicht nur den Patienten, sondern auch den Angehörigen und uns Grünen Damen und Grünen Herren mit Rat oder Tat zur Seite stehen. Welche der unzähligen Zeitschriften könnte für einen Fußballfanatiker oder eine junge Mutter, die zur

Chemotherapie eingeliefert worden ist, geeignet sein? Gibt es besonders nikotinarme Zigaretten oder für Diabetiker Säfte, die keinen Zucker enthalten? Wie hoch ist das Porto für einen Brief, der ins Ausland geschickt werden soll?

Wie gut, dass es am Kiosk auch alkoholfreies Bier zu kaufen gibt und auf Sonderwünsche wie exotisches Obst oder ähnliches eingegangen wird.

Wenn ich hier Zeitschriften oder Zeitungen besorge und in die Krankenzimmer bringe, haben die Patienten nicht das Gefühl, völlig von der Außenwelt abgeschottet zu sein. Außerdem erfahre ich so manche „Krankenhaus-Neuigkeiten", die ich weitergeben kann, denn Grüne Damen und Herren stellen den Kontakt vom Krankenzimmer zur Außenwelt her.

Sie bringen nicht nur die Patienten aus ihren Zimmern nach draußen, sondern tragen auch Nachrichten und Neuigkeiten in die Zimmer hinein.

Und für „Stammgäste" wird auf Wunsch auch schon mal eine Extrabestellung angenommen, sei es für eine besondere Schokolade oder eine nicht so gängige Zeitschrift.

Der Kiosk erfüllt aber auch noch andere wichtige Aufgaben. Er kann Anlaufpunkt für Patienten sein und Treffpunkt für Grüne Damen, die sich dort kurz von ihren Pflichten erholen und ein Schwätzchen halten, beziehungsweise über ihre Erlebnisse auf der Station und über gemeinsame Sorgen oder Probleme sprechen.

Oft ist er der Ort zufälliger Begegnungen, die ein wenig „Farbe“ in das triste Krankenhausdasein bringen. So kann es zu Bekanntschaften kommen, die sonst nie entstanden wären. Denn gemeinsame Sorgen, deren Mittelpunkt meistens die eigene Krankheit ist, der Austausch von Erfahrungen im Umgang mit ihr, verbinden manchmal stärker als Zusammenkünfte im Getriebe des Alltags.

Die Krankenhausseelsorge – Partner der grünen Damen

Ich bin krank gewesen,
und ihr habt mich besucht.

Matthäus 25.36

Ich bin auf dem Lande aufgewachsen. Dort gehörte es zu den selbstverständlichen Aufgaben des Gemeindepfarrers, seine kranken und sterbenden Gemeindemitglieder zu besuchen und zu trösten, wenn sie ins Krankenhaus mussten. Meistens bestand bereits vorher ein enger Kontakt und der Geistliche brauchte nur an die bestehende Beziehung anzuknüpfen.

In einer Großstadt, besonders in zentralen Großkliniken mit riesigen Spezialabteilungen, in denen Patienten aus allen Teilen des Landes liegen, wird die seelsorgerische Betreuung des einzelnen durch seinen Gemeindepfarrer aber sehr erschwert.

Das Grundgesetz der Bundesrepublik Deutschland garantiert der Kirche aber den freien Zugang zu ihren Kranken in einem Krankenhaus: „Soweit das Bedürfnis nach Gottesdienst und Seelsorge ... in Krankenhäusern ... besteht, sind die Religionsgesellschaften zur Vornahme religiöser Handlungen zuzulassen, wobei jeder Zwang fernzuhalten ist."

Im Neuen Testament (Matthäus 25.36) sind die sieben Barmherzigkeiten der Christen fest verankert. Zu ihnen gehört auch das Sich-kümmern um Kranke. Die ersten Krankenhäuser waren Gottesherbergen, die von barmherzigen Schwestern und Priestern betreut wurden. Auch der Johanniterorden hat seinen Ursprung im Hospital .

Im Krankenhaus verbinden heute noch sehr viele, ja fast alle Patienten, denen ich meine Hilfe anbiete, den Begriff des freiwilligen und unentgeltlichen Helfens mit „Kirche", die Kirche scheint auch heute immer noch bei vielen Menschen für bestimmte Notsituationen zuständig zu sein.

In der Notsituation des Krankenhausaufenthaltes ist mancher Patient offenbar eher zu einem intensiven Gespräch mit „der Kirche" bereit, als er es im täglichen Leben wäre. Deswegen werde ich oft nach meinem Eintreten in ein Krankenzimmer als erstes gefragt, es sind ja Gott lob nicht nur Schwerst- oder Schwerkranke, die ich besuche, ob ich „von der Kirche" komme.

Diese Frage verneine ich. Wir Grünen Damen sind keine Seelsorger, wir arbeiten mit- und nebeneinander, sehen uns aber gegenseitig nicht als Konkurrenz.

Häufig habe ich Hemmungen, von meinem Glauben zu reden, andererseits möchte ich meine christliche Überzeugung, die mir soviel Kraft und Zuversicht gibt, aber auch nicht ängstlich verstecken.

Kommt das Gespräch auf Gott, mache ich den Patienten auf die Krankenhausseelsorge aufmerksam und versuche, die wirkliche seelsorgerische Arbeit mit gutem Gewissen den hierfür kompetenten Mitarbeitern zu überlassen. Trotzdem stoße ich immer wieder auf Grenzfälle, und in Ausnahmefällen endet ein Gespräch zwischen einem Kranken und mir auch in einem Gebet.

Eine alte Frau, von einer unheilbaren Krankheit schwer gezeichnet, dazu durch starke Diabetes fast erblindet, erzählte mir von ihrem schweren Schicksal. Sie war in der Ukraine aufgewachsen, als junges Mädchen nach Sibirien verschleppt, später nach Kasachstan deportiert worden und lebt seit fünfzehn Jahren alleine in einer bescheidenen Einzimmerwohnung in Lüneburg.

„Es ist wie im Paradies", schwärmte sie, „stellen sie sich vor, jeden Sonntag kann ich mir ein Stückchen Kuchen leisten. Wie bin ich froh, dass mich der Herrgott aus meinem Elend befreit hat."

Und dann fragte sie mich: „Können sie beten?"

Ich nickte stumm und ergriffen. Darauf faltete sie ihre Hände, ich machte es ihr nach, und wir beteten gemeinsam das Vaterunser.

„Nun bin ich schon seit vierzig Jahren Witwe“, klagte eine andere Frau.

Ich stimmte zu, dass dieses Schicksal schlimm sein müsse und erzählte, dass es meiner Mutter ebenfalls widerfahren sei.

Als aber die Frau dann ihrem tödlich verunglückten Mann im Nachhinein Vorwürfe machte, dass er sie allein gelassen habe und sie seitdem von ihrer Umgebung nicht mehr als vollwertig akzeptiert worden sei, wurde ich nachdenklich. Die Frau lebte völlig in der Vergangenheit, und seit vierzig Jahren am Leben vorbei.

„Was habe ich alles durchmachen müssen! Die Kinder und deren Ausbildung waren zwar abgesichert, auch meine Rente ist gut, so dass ich davon gut leben kann“, jammerte sie immer wieder aufs Neue.

Verbitterung sprach aus ihren Worten, alle ihre Gedanken waren nur auf das eine gerichtet: „Warum hat er mich allein gelassen? Das habe ich nicht verdient!“

Ihre Vorwürfe gegen ihren verstorbenen Mann, der ihr Unglück heraufbeschworen habe und Schuld an ihrer Misere sei, nahmen kein Ende.

Mich berührte diese Hilflosigkeit sehr. Ich dachte an meine Mutter, die es viel schwerer gehabt hatte. Sie musste, wie viele Frauen, nach dem Krieg ihre Kinder allein ohne Mann großziehen. Ohne zu klagen, hatte sie die Aufgabe angepackt und die schwere Zeit ohne fremde Hilfe durchstanden.

Mehrmals besuchte ich die Frau, konnte ihr aber nicht helfen. Sie hatte sich so sehr in ihr Selbstmitleid verbohrt, dass ich nicht vermochte, sie davon abzulenken.

Meine Großmutter sagte damals: „Der liebe Gott legt jedem nur soviel auf, wie er tragen kann.“ Hieran erinnerte ich mich und war froh, dass ich mit der übernommenen Verantwortung für den Patienten nicht allein gelassen wurde, obwohl ich ja gut vorbereitet war. Ich bat unsere Krankenhausseelsorgerin, die verbitterte Frau zu besuchen, weil ich mich völlig überfordert fühlte.

Bald danach traf ich bei meinem Besuch am Krankenbett eine verwandelte Patientin an, freudig und gelassen. Vielleicht, weil ich mit einem vergleichbaren Los belastet war, hatte ich nicht die richtigen Trostworte gefunden, war innerlich nicht frei genug, um die Schwierigkeiten der Frau richtig einschätzen zu können. Unsere Krankenhausseelsorgerin hatte der verzweifelten Frau helfen können.

Es kommt eben vor, dass ich keinen Zugang oder nicht die passenden Worte finde, um den Kranken aufzumuntern, anderen dies aber gelingt, und dafür bin ich Gott dankbar. Schließlich zählt der Erfolg.

Hierbei zeigen sich die Grenzen unserer Arbeit. Es ist wichtig zu erkennen, wenn unser Tun nicht ausreicht, dem Patienten die richtige Hilfe zu verschaffen. Die Wirksamkeit unserer Tätigkeit wird dadurch nicht im Geringsten herabgesetzt.

Heilig Abend

Und da, wo die Herzen weit sind,
da ist das Herz nicht eng.

Johann Wolfgang v. Goethe

Am Heiligen Abend werden möglichst viele Patienten aus dem Krankenhaus entlassen, damit sie das Fest mit ihrer Familie in gewohnter Umgebung feiern können. Nur die wirklich schweren Fälle, die weiterhin professioneller Hilfe von Ärzten und Pflegern bedürfen, bleiben zurück.

Sehr betroffen war ich, als mir eine Schwester von hartherzigen, egoistischen Menschen berichtete, die zum Christfest ihre alten, gebrechlichen, pflegebedürftigen Angehörigen loswerden wollen und vorübergehend zur Pflege in ein Krankenhaus oder Altenheim bringen, um unbeschwert verreisen zu können.

Gemeinsam mit der Krankenhausseelsorge helfen viele Grüne Damen und Herren am Heilig Abend, die Kranken und die Gebrechlichen in Betten oder Stühlen aus ihren Krankenzimmern in den Andachtsraum des Klinikums zur gemeinsamen Weihnachtsfeier zu begleiten. „Alle Jahre wieder kommt das Christuskind“, berührt alle an diesem Tag und ganz besonders die Herzen alter oder kranker Menschen.

Ältere Menschen leben in der Erinnerung. Das Elternhaus steht auf einmal vor ihnen, ihre Augen strahlen, wenn sie „von früher“ sprechen. Trauernde fühlen sich in ihrem Schmerz besonders einsam, suchen und brauchen Trost.

Weihnachtsromantik, bekannte Lieder, vertraute Sitten, Gebräuche und Stimmungen helfen in unserer nüchternen Zeit an diesem besonderen Tag, den Menschen im Krankenhaus sich zu öffnen und einander näher zu kommen.

Heilig Abend bemerke ich im Krankenhaus viele ältere Menschen mit Tränen in den Augen. Viele sind an diesem Tage besonders empfänglich für trostreiche Worte wie: „Sehen Sie, nun findet das Christkind auch zu Ihnen ins Krankenhaus.“

So wird mein Dienst zu Weihnachten nicht nur dringend benötigt, ich erfülle ihn an diesem Tag auch besonders gern.

Hierbei erfahre ich immer wieder, wie vielschichtig die Schicksale, Wünsche und Hoffnungen der Kranken sind und wie wichtig es ist, dass sich Menschen um andere kümmern und dass sich hierfür die „Engel in weiß“ aber auch „Engel in grün“ mit vollem Herzen einsetzen.

Zum Christfest einem Menschen zu begegnen, der gerade die Diagnose „unheilbar krank“ erhalten hat, jemandem gegenüberzustehen und den zu trösten, der schluchzend erzählt, er habe keine Angehörigen oder Freunde mehr auf dieser Welt oder anderen mit individuellen Schicksalen zwischen Hoffnung und Mutlosigkeit, Glauben und Zweifel zuzuhören, Zuversicht und Mut zuzusprechen und das Gefühl geben: „Ich bin für Dich da, wenn auch nur für kurze Zeit“, erfordert viel Kraft, aber vor allem gibt es mir Kraft, nicht nur am Heiligen Abend meine Arbeit zu verrichten.

Mit diesem guten Gefühl und Genugtuung, anderen eine Freude gemacht zu haben, kehre ich dann zu meiner Familie zurück – ein bisschen verspätet – aber glücklich, ein Zuhause zu haben.

Auch die Helfer helfen sich – Grüne Damen untereinander

Es gibt nur eine Aufgabe,
und die besteht darin,
dass wir die Liebe in uns vermehren.

Leo Tolstoi

Einmal im Monat kommen wir Grünen Damen und Herren zusammen, um über neue Bestimmungen informiert zu werden und um Erfahrungen auszutauschen, zum Beispiel über besondere Erlebnisse oder Probleme mit den hauptamtlichen Mitarbeitern oder Patienten auf den einzelnen Stationen.

Unsere Zusammenkünfte stehen unter dem Motto: „Schweigen nach außen, Austausch nach innen." Das fördert das Zusammengehörigkeitsgefühl untereinander und bedeutet eine große Hilfe für die Helfer. Es stärkt jeden Einzelnen und die Gemeinschaft.

Hier wird auch Kritik zum Beispiel an Räumlichkeiten, an der Organisation und so weiter geäußert und überlegt, wie in Zusammenarbeit mit der Klinikleitung und dem Pflegepersonal Abhilfe geschaffen werden kann. Verbesserungsvorschläge werden diskutiert, es wird besprochen, wie wir unseren Dienst noch intensiver gestalten, effektiver strukturieren und unsere Hilfe noch ausweiten können. Motto: Wir werden nicht eingesetzt, sondern setzen uns ein!

Bei verschiedenen Fortbildungsveranstaltungen treffen sich Angehörige der Klinikleitung, Verwaltung, Fachärzte, Schwestern oder Pfleger, Therapeuten, Seelsorger, Sozialarbeiter oder andere „Fachleute“, um gemeinsam Probleme zu erörtern und Lösungen zu finden.

Es geht bei diesen Zusammenkünften meistens recht fröhlich zu, es wird viel gelacht, aber auch fleißig gearbeitet, nicht zuletzt im eigenen Interesse, denn wir suchen und erhalten in diesen Zusammenkünften Anregungen, Kraft und Motivation für unsere gemeinsame, schwere aber dankbare Aufgabe.

Eine solche Art der Supervision ist für alle Beteiligten sehr hilfreich. Beispielsweise wird über einen Patienten mit ganz besonderen Problemen gesprochen. Eine Grüne Dame schildert die Sorgen des Betroffenen, eine andere lobt oder weiß aus eigener Erfahrung Rat, wie man behilflich sein kann, wir alle fragen uns mitunter, warum der Kranke so reagiert hat, aber schließlich wird (fast) immer eine befriedigende Lösung gefunden, damit Hilfsbedürftigen und Helfern gleichermaßen geholfen wird.

Die Zeit bleibt jedoch nicht stehen: in ihr wandeln sich die Erkenntnisse, die Anforderungen, aber auch die Möglichkeiten, dort hilfreich zu sein, wo es bisher nicht der Fall war. Die Mentalität der Kranken ist oft nicht mehr die gleiche wie vor einigen Jahren, das Dasein unterliegt mitunter tiefgreifenden Einflüssen, die vorher undenkbar waren.

Deshalb nutzen wir einmal im Jahr die Gelegenheit, ein Fortbildungsseminar zu besuchen, um sicherer in der Kommunikation zu werden.

Die Einladung der örtlichen Subkommende des Johanniterordens zum jährlichen Gottesdienst im Juni am Johannistag führt uns mit Helfern aus anderen Bereichen zusammen.

Der verbindende Glaube, der für mich durch die Mitgliedschaft im Johanniterorden vorgegeben ist, ist dabei eine wichtige Grundlage für eine harmonische Zusammenarbeit, und uns alle verbindet die Erfahrung: Wer Glück schenkt, bekommt Glück zurück!

Schicksale und Hoffnungen – Tagebuchnotizen

Gewiss ist es fast noch wichtiger,
wie der Mensch sein Schicksal nimmt,
als wie sein Schicksal ist.

Wilhelm v. Humboldt

Ein Narkosefacharzt im Krankenhaus erzählte mir:

Ich komme oft zu Menschen, die vor einer Operation stehen und angespannt, vielleicht sogar verzweifelt sind.

In einem ruhigen Gespräch suche ich Vertrauen zu gewinnen und manche Ängste abzubauen.

Eigentlich habe ich mir vorgenommen: Geh nie aus einem Krankenzimmer, ohne dass du die Menschen zum Lachen oder zum Lächeln gebracht hast.

Das ist sicher nicht immer möglich. Doch wenn es schwierig war und es mir trotzdem gelungen ist – dann steigt Freude in mir auf!

Am Ende der Visite betrete ich ein Krankenzimmer und bekomme noch mit, wie sich der Assistenzarzt bei einer alten Dame mit den Worten verabschiedet: „Und diese Schlaftabletten reichen für zwei Tage“.

Der verwirrte Blick und erstaunte Gesichtsausdruck der Patientin ist mir unvergesslich. Sie schüttelt den Kopf, druckst verlegen herum, bis der Arzt fragt, ob sie eine Allergie gegen die Medikamente habe.

„Nein, nein, das nicht“, erwidert die Frau verunsichert, „aber Herr Doktor, soll ich denn nun wirklich zwei Tage schlafen? Ich habe nämlich morgen Geburtstag!“

Einmal hörte ich folgende Unterhaltung zwischen einem offenbar sehr naiven Patienten und einer Schwester, die dessen Puls kontrollierte: „Ihr Puls geht sehr langsam, Herr M.“. „Aber Schwester“, antwortete der alte Mann schlagfertig, „da machen se sich man keine Gedanken nich, ich habe doch jetzt soooo viel Zeit hier bei Ihnen“.

Auf einer Station, die ich mehrere Wochen nicht besucht hatte, da ich dort keinen Dienst versah, treffe ich eine ältere Dame. Auf ihrem Bett liegt eine kleine Mappe mit Dokumenten und alten Fotos. Wehmütig, in Gedanken versunken, sieht sie sich die Bilder an und blättert zwischendurch wie in einem Tagebuch voller Erinnerungen in den Papieren.

„Ich habe mein Leben gelebt, mich von allen Menschen, die mir etwas bedeutet haben verabschiedet", meinte sie. „Ich bin unheilbar krank, habe nur noch wenige Wochen zu leben, habe in meinem Leben fast nur Abwendung, selten Zuwendung erfahren", fuhr sie fort, lächelt mich dabei an und strahlte verklärt, als wolle sie ein neues Kapitel ihres Daseins aufschlagen.

Ich nehme ihre Ruhe und Gelassenheit verwundert zur Kenntnis, ohne gleich antworten zu können.

„Darf ich Ihnen etwas bringen?", frage ich dann verlegen, aber sie schüttelt langsam mit dem Kopf.

„Haben Sie Lust, mit der Krankenhausseelsorge zu sprechen?", erkundige ich mich schließlich nach einigen Schrecksekunden.

„Ich bin schon ein bisschen müde", meint sie, „und lange Gespräche strengen mich sehr an, außerdem geht es mir ja recht gut, und jetzt, wo ich mich bei allen verabschiedet habe, eigentlich noch besser." „Alles Gute und vielen Dank für Ihre freundliche Hilfe", meint sie noch. Mir bleibt nichts anderes übrig, als mich ebenfalls von ihr zu verabschieden.

Wie ich von der Stationsschwester erfahre, hatte sie bisher keinerlei Besuch bekommen. Noch lange denke ich an diese Frau und bewundere sie, wie sie aus eigener Kraft ihren inneren Frieden gefunden hat.

Keiner der „lieben Menschen“ von denen sie sich verabschiedet hatte, war zu ihr gekommen und hatte sie besucht, um sich zu verabschieden.

Ein Patient kam nur zu einer Routineuntersuchung, musste dann aber wegen einer dringend notwendigen Operation im Krankenhaus bleiben.

Kurz vor der Narkose fiel ihm ein, dass sein Auto auf einem Zweistunden-Parkplatz stand.

Die Schwester bat eine Grüne Dame, den Wagen anderswo zu parken, aber der Besitzer weigerte sich hartnäckig, seinen Autoschlüssel herauszurücken. Erst als der Anästhesist schon am Krankenbett stand, fand er sich schließlich dazu bereit. Warum verweigerte er die Herausgabe des Schlüssels?

Tage später entschuldigte sich der Operierte bei uns: „Bei einem Mann hätte ich nicht so ein Theater gemacht, aber ich konnte mir nicht vorstellen, dass eine Frau auch mit meinem Auto fahren kann, bitte verzeihen Sie!“

Sehr gern denke ich an eine übergewichtige Dame zurück, die als Langzeitpatientin eingeliefert worden war. Mit ihrer Fröhlichkeit war sie eine Bereicherung für die ganze

Station und alle, ob Patienten, Ärzte oder das Pflegepersonal, bedauerten es, als sie wieder entlassen wurde.

Die Frau sprühte nur so vor unwiderstehlicher Lebenslust und Optimismus, richtete selbst die unzufriedenen, nörgelnden oder zu Tode betrübten Zimmernachbarn auf und hatte die seltene Gabe, ihre Lebenseinstellung auch an andere Menschen weitergeben zu können und sie zu überzeugen.

„Ich bin zwar ernsthaft krank, aber meine Lebensfreude kann mir niemand nehmen", erzählte sie fröhlich.

Als sie einmal scherzhaft wegen ihrer Leibesfülle von einem Pfleger gefragt wurde: „Frau M..., nehmen Sie eigentlich gerade ab oder zu?" antwortete sie vergnügt: „Ach wissen Sie, mir geht es wie dem Mond, ab und zu nehme ich ab – und ab und zu eben zu."

Ein liebenswerter 86-jähriger Herr sollte am Tage nach meinem Besuch entlassen werden. „Na, dann freuen Sie sich aber, dass Sie bald nach Hause dürfen", begrüßte ich ihn.

„Überhaupt nicht, am liebsten würde ich hier bleiben, meine Schwiegermutter und meine Frau tyrannisieren mich nun schon seit sechzig Jahren", klagte er und zitierte dann seine Frau: „Jede Witwe hat es besser, ich habe nur einen pflegebedürftigen Mann", ist ihr tägliches Lamento.

Ich merkte, dass der verzweifelte Herr sich danach sehnte, einmal von Mann zu Mann zu reden. Am Ende eines langen Gespräches umarmte er mich dankbar und drückte mir beim Abschied besonders lange die Hände. Ich weiß, dass meine Besuche nicht umsonst gewesen waren.

Auf einem meiner Rundgänge traf ich einen Schwarzafrikaner. Die Schwestern hatten mir vorher nichts von ihm erzählt. Ich stutzte deshalb kurz und begrüßte ihn dann: „Good morning, how are you today?".

Der Mann lachte. „Grüß Gott, jo mei, does is oaber oane Begrüßung!", erwiderte er freundlich und sichtlich amüsiert ob meines verwunderten Gesichtsausdrucks.

Dann erzählte er von seiner Studienzeit in München und dass er dort länger geblieben sei als geplant. Daraus seien schließlich mehr als zwanzig Jahre geworden.

„Manchmal is schon a richtige Gaudi, wenn i in der Trambahn hörn muss: Die bleeden Asylanten, di wo nur unser Geld kosten und nix dafür oarbeiten", meinte er schmunzelnd.

Wir führten ein intensives und interessantes Gespräch, das ich gern fortgesetzt hätte, leider musste ich mich dann aber bald verabschieden.

Sein „Pfirdi Gott“ beim Abschied klingt mir noch heute in den Ohren.

Mit Schmunzeln erinnere mich an die Reaktion eines Ehemannes, der offensichtlich ziemlich verstört am Krankenbett seiner Frau saß. Sie hatte zwar nur einen leichten Unfall erlitten, lag aber, fast bis zur Unkenntlichkeit mit Pflastern verklebt und mit Verbänden umwickelt vor ihm.

„Sie brauchen sich um ihre Gattin keine Sorge zu machen“, wollte die Schwester ihn trösten und fügte hinzu: „Wenn sie wieder aus dem Krankenhaus entlassen wird, werden Sie eine ganz andere Frau haben.“ Mit weit aufgerissenen Augen, aus denen der Schalk blitzte, erwiderte der Mann: „Aber was passiert, wenn sie es erfährt?“, und wandte sich dann lächelnd wieder seiner besseren Hälfte zu.

Leider bekomme ich solche ungewollt komischen Reaktionen nur selten zu hören.

„Sieh, das Gute liegt so nah ...“ Oft fügt es sich durch Zufall, dass ein Lapsus, den man gern unmittelbar danach ungeschehen gemacht hätte, „segensreich“ werden kann.

Mit einem pensionierten Professor der Forstwissenschaften unterhielt ich mich besonders gern. Er lag mehrere Wochen auf „meiner“ Station, und ich freute mich immer auf die interessanten Gespräche mit ihm. Mit seinen zwar schütteren und weißen Haaren wirkte er auf mich wie ein Fünfzigjähriger, dabei war er schon 69 Jahre alt.

Er steckte voller Ideen und hatte für seinen Ruhestand noch viele Pläne. Er wollte nun nach seiner Pensionierung endlich reisen und ein Buch schreiben.

„Aber so einfach ist das nicht“, äußerte er einmal resigniert. Meine Frau hält mich den lieben langen Tag lang mit kleinen Diensten in Atem, sogar ihr beim Hausputz zu helfen, erwartet sie von mir.“

Respektlos entfuhr es mir darauf: „Warum nehmen Sie sich denn keine Putzfrau? Dann hätte Ihre Frau doch auch mehr Ruhe und Zeit und könnte Sie auf Ihren Reisen begleiten.“

Blitzschnell erhellte sich sein Gesichtsausdruck. Auf diese Idee kamen bisher weder der Herr Professor noch seine Frau, und es war einer der besten Ratschläge, die ich jemals gegeben habe, wie ich später erfuhr.

Gesunder Menschenverstand kann doch sehr viel bewirken.

Ich stand im Krankenzimmer und unterhielt mich mit einer gut gelaunten Dame, die entlassen werden sollte. Sie war angezogen, ihre gepackte Reisetasche stand bereit, und die Frau wartete auf die abschließende Arztvisite.

Da betraten drei Ärzte den Raum, und einer von ihnen lobte fröhlich: „Frau X., Ihre schnelle Genesung haben sie einzig und allein dem Herrgott und Ihrer robusten Natur zu verdanken."

„Dann hoffe ich", freute sich die Frau, „dass Sie das bei der Rechnung auch berücksichtigen".

Ein Mann, vermutlich Anfang sechzig, er sah nicht besonders krank aus, saß allein und gut angezogen in seinem Krankenzimmer.

Er freute sich über meinen Besuch, bot mir einen Stuhl an und begann von sich aus zaghaft das Gespräch.

Er erzählte von seiner großen Familie, seinen Kriegserlebnissen, dass er den geerbten Bauernhof schon früh an seinen Sohn übergeben habe und sich darauf freue, als Altenteiler dem Erben zu helfen, wie es in der Nachbarschaft auch üblich ist.

Doch dann fuhr er leise fort, dass der Sohn und auch die Schwiegertochter nicht wollten, dass er noch arbeite. Durch seine anderen Kinder erhielt er auch keine Unterstützung dabei.

„Und gegenüber vom Hof ist eine Gastwirtschaft. Da gehe ich dann eben hin. Sie können sich ja denken ..."

„Sie trinken sich ihren Kummer weg", fragte ich unsicher, worauf er betrübt mit dem Kopf nickte.

„Wenn man den ganzen Tag allein ist und niemand will einen haben, dann fragt man sich manchmal, wofür bin ich denn überhaupt noch da und dann ist der Gasthof nicht weit. Ich habe sogar schon mal eine Kur gemacht, aber als ich dann wieder zu Hause war, da ging es wieder los. Ich habe so viel in meinem Leben geschafft, aber ich glaube, das schaffe ich nicht, warum lässt Gott das zu?"

Schweigend starren wir beide vor uns auf den Fußboden, und ich grübele angestrengt über ein Wort aus dem Buch Hiob nach, um den Mann zu trösten, da erhebt er sich, bedankt sich dafür, dass ich mir Zeit für ihn genommen habe und verabschiedet sich ganz unvermittelt mit der Frage: „Können Sie nicht für mich beten, ich kann das nicht."

„Das verspreche ich, und ich weiß, dass ganz viele Menschen für sie beten", antworte ich verdutzt.

Lange drückt er mir dann die Hand, schaut mir dabei tief in die Augen und erwidert ganz ruhig: „Ja, ich weiß, das ist auch ganz wichtig, ich habe wohl nie so richtig daran geglaubt, aber jetzt weiß ich, dass es besser wird.“

Ich glaube, weil wir, wenn auch nur ganz kurz, über Gott gesprochen haben, mit dem sich der Mann vorher kaum beschäftigt hatte, konnte ich vermitteln, konnte ihm wieder Hoffnung machen, jedenfalls hinterließ er auf mich einen sehr entspannten Eindruck, als ich ihn verließ und er sich nun endgültig und offensichtlich zufrieden mit den Worten verabschiedete: „Ich danke Ihnen für ihren tröstlichen Zuspruch.“

Nachwort für Uneingeweihte: Wer sind die Grünen Damen und Herren?

Man kann nicht allen helfen!
Sagt der Engherzige und – hilft keinem.

Marie v. Ebner-Eschenbach
„Aphorismen“

Die Arbeitsgemeinschaft Evangelische Krankenhaus-Hilfe e.V. – kurz EKH – ist ein gemeinnützig anerkannter Verein, dem sich ehrenamtlich tätige Menschen aus christlicher Überzeugung und sozialem Engagement heraus angeschlossen haben, um in Einrichtungen evangelischer Trägerschaft – aber auch in vielen anderen Krankenhäusern, Alten- und Pflegeheimen – älteren, kranken, gebrechlichen und einsamen Menschen zu helfen.

Wir Grünen Damen und Herren sind eine „Laienbewegung“, die es seit 1969 gibt und die ihre Aufgabe darin sieht, die Arbeit der Hauptamtlichen in den Einrichtungen zu ergänzen. Wir kommen aus den unterschiedlichsten Berufen und haben in der Regel keine medizinische, theologische, sozialpädagogische oder pflegerische Ausbildung. Zwar eignet man sich im Laufe der Zeit einen professionellen Blick an, sieht beispielsweise, ob die Infusion noch läuft, der Patient Schmerzen hat oder warum der Bewohner traurig ist.

Wir bringen vielfältige andere Gaben mit, um auf unsere Art zu helfen. Die Stärken des einen liegen in der Altenbetreuung, andere können gut vorlesen, Knöpfe annähen, Formulare ausfüllen, mit Kindern spielen oder besonders geduldig zuhören. Gefragt sind hauptsächlich Einfühlungsvermögen und gesunder Menschenverstand.

Fast alle Patienten und Heimbewohner benötigen neben der medizinischen und pflegerischen Behandlung durch das hauptamtliche Personal ganz persönliche Zuwendung und Betreuung, vor allem aber Gesprächspartner, die viel Zeit zum Zuhören mitbringen.

Die Grünen Damen und Herren widmen sich aufmerksam den Sorgen, Nöten und persönlichen Bedürfnissen kranker, älterer oder einsamer Menschen und tragen damit zu deren Genesung und Wohlbefinden bei. Nicht selten gelingt es ihnen durch mitmenschliche Nähe und Zuwendung, den verloren gegangenen Lebenswillen Kranker und Alter zu stärken.

Die immer höher werdenden finanziellen Belastungen der Kostenträger zwingen die Krankenhausverwaltungen und Heimleitungen zu immer mehr Rationalisierungen, so dass Fachkräfte in den Einrichtungen in zunehmendem Maße immer weniger in der Lage ist, sich neben den medizinischen und pflegerischen Bedürfnissen der Patienten und Bewohner auch deren persönlichen Anliegen anzunehmen.

Aus diesen Überlegungen heraus und angeregt durch die Organisation des Volunteer Service in den USA, den „pink ladies", gründete Ende der sechziger Jahre Brigitte Schröder, Ehefrau des ehemaligen Innen-, Außen- und Verteidigungsministers Dr. Gerhard Schröder, gemeinsam mit einigen in gleicher Weise motivierten Damen die Evangelische Krankenhaus-Hilfe. In der Cafeteria des Evangelischen Krankenhauses in Düsseldorf begann der ehrenamtliche Dienst.

Fünf Jahre später engagierten sich bereits in drei weiteren evangelischen Krankenhäusern im Rheinland Frauen in ähnlicher Form – zunehmend jetzt auch auf einzelnen Stationen der Kliniken.

Das für diese eigenständige Laien-Hilfe im Krankenhaus entwickelte Konzept hat sich bis heute bewährt, wobei man sich durchaus darüber im Klaren ist, dass durch diese unentgeltliche Tätigkeit keine bezahlten Arbeitsplätze von Fachkräften ersetzt werden können, was anfangs von einigen Trägern erhofft und von vielen fest angestellten Mitarbeitern auch befürchtet wurde.

In den Kliniken erkannte man schon bald den großen Nutzen der Hilfe durch die Ehrenamtlichen, und immer mehr städtische Krankenhausträger nahmen das Angebot der Grünen Damen – als solche waren sie inzwischen durch ihr Erkennungszeichen, den grünen Kittel bekannt geworden – an. 1976 verrichteten sie bereits in 28 Kliniken und Altenheimen in fünf Bundesländern ihren Dienst, und jetzt war auch der erste Grüne Herr dazugestoßen.

Die verschiedenen Gruppen schlossen sich nun zusammen und bildeten die Arbeitsgemeinschaft Evangelische Krankenhaus-Hilfe, EKH.

Die Katholische Krankenhaus-Hilfe gründete sich mit Hilfe und Unterstützung der EKH ebenfalls 1976 und ist seitdem vorwiegend in katholischen Häusern tätig. Eine katholische Altenheim-Hilfe, möglicherweise als eigenständige Arbeitsgemeinschaft ist in Planung.

Da der Name „Grüne Damen und Herren“ nicht geschützt ist, engagieren sich unter diesem Label“ auch in vielen Gruppen Menschen, die sich weder der EKH noch der Katholischen Krankenhaus-Hilfe angeschlossen haben. Die Bezeichnung wird inzwischen benutzt als Professionalitätsbeschreibung, etwa im Sinne von Schwester oder Seelsorger.

Weil sich die ehrenamtliche Arbeit mit der Zeit in den Alten- und Pflegeheimen ausweitete und sich auch immer mehr katholische Christen engagierten, wurde im Jahr 1982 der Name der Arbeitsgemeinschaft Evangelische Krankenhaus-Hilfe durch den Zusatz ergänzt: „Evangelische und Ökumenische Krankenhaus- und Altenheim-Hilfe".

Bereits 1991 begann die EKH trotz anfänglicher Vorurteile und der verbreiteten Befürchtung, mit ihrem Einsatz bestehende Arbeitsplätze zu gefährden, auch in den neuen Bundesländern tätig zu werden, obwohl sich die Allgemeinheit dort der Kirche und dem ehrenamtlichen Engagement gegenüber anfangs noch sehr zurückhaltend verhielt.

Die eigenständige EKH kooperiert eng mit anderen karitativ tätigen Organisationen. Sehr gute Kontakte bestehen zum Diakonischen Werk, zum Johanniterorden und zu vielen seiner Johanniter-Hilfsgemeinschaften, zum Deutschen Evangelischen Krankenhausverband, zum Evangelischen Verband für Altenarbeit und Pflege, zur Evangelische Frauenhilfe sowie zur Katholischen Krankenhaus-Hilfe.

Frau Brigitte Schröder leitete die Evangelische Krankenhaus-Hilfe mit Weitsicht und großem persönlichen Einsatz bis 1996 und legte den Vorsitz dann in jüngere Hände. Sie starb im Oktober 2000 im Alter von 83 Jahren.

Heute verrichten bundesweit fast 20.000 Grüne Damen und Grüne Herren ihren ehrenamtlichen Dienst in unterschiedlichen Institutionen, und ihre Zahl nimmt erfreulicherweise stetig zu.

Da die Arbeit dieser Menschen in der EKH und ihr verwandten Organisationen inzwischen zu einem Qualitätsmerkmal gut geführter Krankenhäuser wurde, bemühen sich immer mehr Kliniken sowie Alten- und Pflegeheime um ehrenamtliche Helferinnen und Helfer.

Anhang

EKH

Arbeitsgemeinschaft
Evangelische Krankenhaus-Hilfe e.V.

Bundesgeschäftsstelle

Sträßchensweg 16
53113 Bonn

Telefon: (0228) 32 83 55
Fax: (0228) 32 79 36
E-Mail: ekhbgs@compuserve.de

Internet: www.ekh-deutschland.de

Vorstandsvorsitzende: Gabriele Trull
E-Mail: rolf.trull@t-online.de

Geschäftsführer: Hubertus Dittmar
E-Mail: hubertus.dittmar@t-online.de

EKH-Spendenkonto

Konto-Nr.: 29 01 02 20
BLZ: 380 500 00
Sparkasse Köln-Bonn

Brigitte Schröder-Stiftung

Konto-Nr.: 800 07 10
BLZ: 370 205 00
Bank für Sozialwirtschaft, Köln

Arbeitsgemeinschaft Katholische Krankenhaus-Hilfe

Postfach 420, 79004 Freiburg

Telefon: (0761) 20 01 23 oder 20 04 62
Fax: (0761) 20 07 51
E-Mail: bernadette.hake@caritas.de

Internet: www.ckd.caritas.de

Vorsitzende: Christa Fölting
Ansprechpartnerin in der Geschäftstelle:
Bernadette Hake

Der Johanniterorden

Finckensteinallee 111
12205 Berlin

Telefon: (030) 230 99 70-0
Fax: (030) 230 99 70-249
E-Mail: info@johanniter.de

Internet: www.johanniterorden.de

Diakonisches Werk der EKD e.V. (DW)

Stafflenbergstraße 76
70184 Stuttgart

Reichensteiner Weg 24
14195 Berlin

Internet: www.diakonie.de
und die regionalen Diakonischen Werke

Deutscher Evangelischer Krankenhaus-verband e.V. (DEKV)

Glockenstraße 8
14163 Berlin

Internet: www.dekv-ev.de

Deutscher Evangelischer Verband für Altenarbeit und Pflege e.V. (DEVAP)

Rummelsberg 2
90592 Schwarzenbruck

Internet: www.devap.de

Evangelische Frauenhilfe in Deutschland

Zeppenheimer Weg 5
40489 Düsseldorf

Internet:
www.ekd.de/frauenhilfe/index1.html